U0142845

凝煉知識品味閱讀

小學生諮商

邱珍琬　著

五南圖書出版公司 印行

前　言

心理衛生有所謂的三級預防（發展、教育與預防、補救或防止惡化，以及治療）措施，通常如果在問題出現早期就發現可疑的情況、做適當的處理，其實就免去了許多的社會成本、預後情況也更佳，因此對於學齡期階段的兒童，若可以及早發現問題與處理，自然事半功倍，也因此兒童諮商是心理衛生工作極爲關鍵的一環。從心理專業的角度來看，當然是越早發現問題、越早做補救與治療是最具經濟效益、也最容易成功的，倘若我們國小的輔導諮商工作做得好，自然可以有效防堵未來的困擾與問題。

在小學階段的心理衛生工作主要是預防與治療，然而也因爲科技與資訊發展迅速、世界變化與價值觀的改變，許多小學教師都發現學生的困擾較之一、二十年前有提前與更形嚴重之趨勢，包括許多特殊兒童（如自閉症、過動兒、感覺統合失調、或心理疾病）出現，若以以往培養學校輔導老師的訓練來說，能力已不敷應用。本書主要鎖定閱讀對象爲在小學從事輔導與諮商的教師或諮商師，儘量就學校實務會遭遇的情況，以較爲淺顯的文字做說明，主要目的是提供一個國小輔導工作的輪廓與可以思考的處置方向，讀者諸君請勿將此書當成食譜，以爲每一個問題都可以得到適當的解答，畢竟我們所面對的是人，還有其他相關的變數，因此本書只是一種參考或是指導原則。

Contents 目錄

第一章

小學輔導工作內容與諮商師的條件

進行九年一貫課程之後，國民小學雖然已經取消「輔導活動」課程，將其納入「綜合活動」內，但是學校輔導工作還是沒有減少，反而因爲時代與大環境變動而更形重要，學校輔導目標是以健全學生人格、學習與生活適應爲主。在這一章節裡，會先就教育部訂定國小輔導工作與目標開始介紹，接著簡介國小輔導工作項目，然後會詳述國小諮商師的角色、國小輔導教師應具備的條件與訓練作結。

教育部訂立的小學輔導工作與目標

教育部對於小學輔導工作目標訂立有幾項重點，以下分別敘述：

一、建立學生基本資料

將入學學生的基本家庭與學習資料作登錄，並隨著學生學習進程做詳細記錄。學生資料裡面的紀錄包括：學生個人基本資料、家庭組織與背景、身體健康資料、心理或性格特質資料、興趣與學習成果（包括測驗）等。學生的資料若可以詳實記載，不僅可以讓師長與學生更了解自己，也可以作爲重要決定（如轉學、轉班、診斷或協助）的參考。學生基本資料最好是隨著學生的學習與成長有適當的更新，這樣可以讓師長或學生更清楚學生的進步情況、遭遇的挑戰、處理與目前的整體狀況。

二、生活輔導

生活輔導是協助學生的在校生活有良好適應，與人互動有意義、得到支持，而且可以發揮潛能、培育健康人生觀與道德素養。針對一般學生的發展階段做適當教育與輔導，對特殊學生做適性、適當的協助，並與家庭社區有良好聯繫，共同為學生最佳福祉做努力與合作。生活輔導一般包含了日常生活（如身體與心理健康、休閒生活、自我了解，以及品德教育等方面）、家庭生活（如家庭結構與成員、親子互動、親職教養等）、學校生活（如師生與同儕互動、學習狀況與興趣）、與社會生活（社區環境與校外之人際關係）。

三、學習輔導

提供符合個別差異的適性學習，協助不同學生可以有效學習，也適應在校生活與學習過程。此部分可以做的包括：養成閱讀習慣、激發學生自動學習的興趣、教導適當的讀書策略、協助其擬定有效的讀書目標，甚至進一步以閱讀來豐富生活；遇到有特殊狀況或需求的學生（如過動、行為違常、閱讀失語、自閉、情緒障礙、拒學等），則需要提早做補救措施，搭配適當資源與教育方式，以期學生的學習可以更有效率，不致瞠乎其後。學習輔導一般包含了提供良好學習環境、培養良好學習態度與習慣、有效的學習方式與讀書策略、增進學習動機與成就表現、激發學生之學習潛能等。許多特殊學生已經有資源教師的協助，但是一般像是文化刺激不足、家長無法監督、或是對學習缺乏動機的學生，是目前許多社區協助的對象，只是個別化教學固然重要，還需要兼顧到讓學生可以在較為安全、穩定、自信、愉悅的環境下學習，因此要看見孩子的優勢與成功、有耐心與策略讓其慢慢進入況狀、保持與家長的溝通與合作、運用同儕學習或輔導的方式及善用社區資源（如可以負責教學的家長、大學生或退休教師，以及其他閱讀與學習媒材及設備等）。

四、生涯輔導

協助學生了解一般生活經濟裡擔任重要角色的各行業、正確的職業觀念與價值觀，以及自己的生涯興趣。學校可以提供相關職場或職業資訊，安排一些活動或探索課程，讓學生對於目前生活行業的一些現況觀察與了解，也可以實地參訪或調查方式，讓學生知道父母親或其他行業的工作內容，可以進一步了解工作對一個人的重要性、對社會的貢獻，以及家長們的辛勞，也從中去了解自己喜歡的工作項目、性質與可能的能力搭配。生涯輔導主要是了解學生性向與興趣、建立自我認同、學習適當生涯知能、拓展其對工作領域的探索與了解。

學校輔導工作項目

學校輔導工作提供的服務項目包括：（一）評量服務——了解學生個別差異而有相關的「評量」服務，像是做觀察、家庭訪問、智力測驗、社會計量問卷等，蒐集學生的一些基本資料（如家庭背景、學習狀況、人際關係等）；（二）資訊服務——提供與學生有關的「資訊」，像是學校活動、學習與生活、未來工作與生涯資料，讓學生可以更了解自己與環境，以為學習、升學或各項適應的準備與選擇參考；（三）諮商服務——與學生建立信任關係，以個別或團體方式，協助學生在校適應與最佳發展；（四）諮詢服務——提供學校師長或是家長相關資訊與建議，使其可以協助學生有更好適應與生活；（五）定向服務——提供學生進入另一學習階段（如進入小學或升上國中）時的適應，像是新生入學時或畢業前的學校介紹、課程說明等；（六）安置服務——提供有特殊需求（如資源班）的學生學習上的安排、編班或選課等服務；（七）追蹤服務——對於離校學生的持續追蹤與了解（如升學或就業），也可以作為改進未來學校輔導工作的參考；（八）研究服務——包含了學校的定時評鑑工作，有些學校接了公、私立機構的研究計畫都需要執行，並做執行後的檢討或評估報告。

國小輔導教師工作內容

教育部101年針對國小輔導教師規定，專任輔導教師負責執行發展性與介入性輔導措施，以學生輔導作爲主要職責，授課則以「綜合活動」爲主，負責教育部訂二、三級預防工作，第三級則以管理轉介個案爲主。其重點工作有十二項，分別是：（一）個案研討會之規劃與執行；（二）小團體輔導（至少兩個，每個團體進行十二次）及團體之規劃、執行與成果報告；（三）個案輔導（以二、三級個案爲主）與認輔派案；三級個案每週約談六次，每學期以一百二十人次爲原則；（四）心理測驗施測、解釋與相關研究；（五）班級輔導（未轉介諮商中心之危機與特殊事件之輔導）；（六）協助學校發展性輔導活動之推動；（七）提供家長及教師管教相關知能諮詢；（八）參加相關專業知能研習與督導會報（每年至少十八小時）；（九）聯繫社會團體與社會資源協助學生之輔導；（十）參與學校輔導工作之執行與評鑑；（十一）校園危機事件之班級輔導與全校團體輔導事宜；以及（十二）其他臨時交辦學生輔導事項。惟教育部還規定第十三項「學校得依權責實際情況調整專任輔導教師服務量」，可能有些學校專任輔導教師的工作內容還是得依學校之「上級指示」，不一定如教育部所規定而已。

國小輔導／諮商師的角色

一、我國國小輔導教師現況

目前我國國小輔導教師以非本科系任職居多，十二個班級以下的學校沒有輔導室的設置，輔導主任也是一般教師兼任；二十四個班級以上的學校有「輔導主任」的設置，主任之下也會有「資料」或「輔導」組，近十多年來因爲重視特殊教育，有些學校還有「資源教室」或特殊班的設置。輔導教師規劃最完整的還是北、高兩個直轄市，主要是因爲財務方面的資源足夠，其他縣市對於國小輔導工作的重視與否，與其執政機關財務情況，以及主校政者的治校理念有關。

近年來因為少子化、新住民與「新臺灣之子」的增加、家庭結構的變動，以及全球經濟的影響，學童身心適應上的問題（可能還要加上診斷工具的進步）增多，加上家長對於學校與教師的要求也較以往為多，這些因素也都影響著學校輔導工作的重要性，迫使政府必須要針對這些議題與需求做出適當的回應。相對來說，國小老師是「包班制」，以往所培育的「科任」教師（像是英文、音樂、體育），也都不能自外於「包班制」的責任，唯有若干縣市教師，因為教師員額足夠，才有可能讓科任老師回歸到專業的教學，要不然極大多數教師還是需要帶班、擔任一科以上的教學。

幾乎全臺各縣市，近年來在縣市政府教育局處底下，都增設了「學生諮商中心」或是「學校心理衛生中心」，聘僱了許多的有照諮商師，主要是希望補足中等以下（特別是國小與國中）學校輔導諮商人力之不足。然而這些諮商或心理衛生中心所接受的業務繁多，再加上人力不足，通常未能有效協助該地學校與學生；像是一位諮商師可能負責四所學校（人數不定），但是見到有需求學生的機率是每個月一次，這樣的效率令人擔憂，加上這些有照諮商師並非都對國小／中族群與學校教育或生態熟悉，也只能「救急」而已！因此每個學校專任輔導教師的設置，可以更切實、迅速在第一線發現與協助學生，並做適當的處置、轉介與追蹤，對於學生、家長、學校與社會大眾，不啻為好消息！

國小輔導老師自有歷史以來，都是非專業教師擔任，儘管不少教育大學（如國北教育大學、北市教育大學、新竹教育大學、屏東教育大學等）都在後來設置有輔導與諮商相關科系，然而卻因為國小傳統的「包班制」，加上生育率急遽降低等因素，未能讓這些學有專長的輔導老師適才適用。目前政府是以義務（國中與國小）教育教師與軍職人員進行課稅，然後想將這些課稅所得用來補助國小輔導老師的員額，因此在民國105年之前，全臺國小輔導老師的需求將近二千多位。當然在經濟景況不如以往的氛圍下，爭搶這些「鐵飯碗」的人數極具競爭性，只是最後回歸到國小校園，這些輔導教師是否能夠站在第一線上發揮其應有的功能，尙待日後的評估。

二、國小輔導教師角色

在國小校園擔任諮商師工作，除了需要了解在此階段孩童的發展情況與任務，以及可能出現的適應問題之外，也需要對於學校教學與學生學習困擾有所了解，適時爲學生與師長規劃適當的教育與輔導計畫及活動，此外，因爲會接觸到教師與家長，因此也可能要擔任諮詢與轉介工作。當然這些只列出少數，以下分別說明：

（一）諮商師

學校諮商師是受過專業訓練的助人專業人員，因此基本上不需要擔任一般課程之教學，但是其角色與職責卻不因此而減少。學校諮商師必須具有諮商專業背景或證照，也就是受過適當的訓練，最重要的是了解國小教育現場與小學生的生態，此外還對此一族群（包括學生與教師）的發展與實務有正確的了解。諮商師本身除了受過適當的學院訓練、通過國家考試拿到諮商師證照之外，還需要有個核心理論來作爲自己判斷、評估與處置當事人問題的基礎，諮商師若無堅固的理論爲背景，其在助人過程中容易失去方向與目標。其次，因爲諮商師服務的對象與地點是國小階段學生、家長與教師，因此對於此學齡階段孩子的發展狀況與任務都要有相當的了解，這樣才能夠進一步提供服務、吻合所需；另外還要了解教師在面對不同背景與資質的學生，以及教育的目標或上級的要求時，其在身心各方面的壓力與需求，讓教師可以有情緒宣洩管道，也有可以談論與傾聽、甚至是商量的對象；再則，教師也可能面對家長或是地方相關人士，需要擔任顧問、諮詢、資源統籌或是聯繫等工作；當然還有一些相關輔導行政的業務或是計畫要設計、策劃與執行。

（二）輔導教師

「輔導教師」通常是站在學校的第二線（第一線是班級導師），如果受過一般學校輔導訓練，輔導教師們可以處理一些預防（發展）性或是早發性的問題，也包括學校例行性業務（如友善校園）的規劃與執行，倘若輔導教師沒有足夠的諮商相關訓練，也許在處理較爲特殊個案或問題時，需要就教於資深教師或是督導，甚至需要做轉介動作，讓合格有能力的諮商師接手，有時也要與精神醫師合作。輔導教師雖然不像一般諮商師那樣有足夠的諮商專業訓練或是經驗，但是因爲其嫻熟學校業務與行政流程，以及學校生態，因此有其不同功能擅場之處。

（三）教育者或是訓練員

學校的諮商師有時候要擔任「教育」與「宣導」的工作，不管是面對學生族群、教師同仁、家長或是社區相關人員，許多的「預防」工作（如自殺預防、危機處理、性教育）與「發展」議題（如兒童發展階段與需求、進入青少年的準備、家長與師長如何與兒童互動），也都需要藉助教育的方式進行宣導與推廣。許多國小有「義工媽媽」協助導護、說故事、認輔等工作，在這些「義工媽媽」正式進入服務工作之前，可能需要有一些「職前訓練」，讓她們更能發揮功能，這也可以是諮商師或輔導老師的工作項目之一。諮商師可以定期提供教師的訓練，像是觀察、傾聽與溝通技巧等，其他像是霸凌議題（霸凌定義、型態、不同參與者角色、如何防範與通報、如何處理等）、性教育與相關法令、生命教育與危機處理等，也是較爲普遍的主題。

（四）行政規劃與協調者

學校輔導工作不是輔導老師或諮商師單打獨鬥就可以完成，而是需要許多人力與資源的配合，因此需要有斡旋、找資源、與協調的能力，才能夠讓計畫完成，嘉惠需要服務的對象。像是籌劃新住民母親的識字教育，學校可以提供場所與師資，其他像是教科書、軟體或教學資源可以向社區徵收，甚至納入社區熱心人士參與新住民的服務（包括守望相助、子女教育、文化認識與熟悉等），因此也是很重要的社區資源整合者。此外，諮商師發現自己能力無法獨力處理某些案例時，就需要轉介學生給適當的資源（包含身心科醫師、社工或其他專業人員），同時仍然要擔任諮商或治療的工作。諮商師可以結合不同專業（如精神醫師、社工、家長、教師等）組成一服務學生的團隊，而彼此之間可以互相溝通與交流。

此外，輔導教師也可以站在較爲客觀統整的角度，整合相關的課程與方案，讓教育的規劃更周全；像是「生命教育」不僅是要安排相關課程，做橫向與縱貫的結合，也要從行政單位、策劃活動與教學的整合著手。諮商師也需要結合導師或教職員，成爲一個合作的輔導團，提供學生最好的服務。像是目前許多小學都施行所謂的「認輔制度」，找熱心的老師擔任需要關注學生的「關心老師」，讓學生有一個可以信賴的成人，定時舉辦個案研討、協助認輔導師有更好的輔導知能；另外，輔導教師也可以訓練班上較爲熱心、觀察敏銳的小朋友，成爲每班的「小輔導員」（或「同儕助人者」），可以預先發現可疑情況或問題，提前做補救。

（五）計畫撰寫與執行者

目前因爲許多教育經費短縮，若學校因爲學生或是在地特殊情況需要補助、或是執行改善工作，也都需要提出計畫、申請經費、執行計畫、最後做評估動作，因此學校輔導老師還需要有撰寫計畫、執行、最後提出報告的能力，這些能力與撰寫論文是相類似的，因此倘若國小輔導老師寫過畢業論文，基本上應該就可以勝任，尤其是對於量的研究與統計，都要有所涉獵與了解，這樣才有能力看研究論文、蒐集資料、執行計畫與做出最後的研究結果。

諮商師也可以主導學校諮商服務項目的宣傳與教育資料的印製、網路製作、壁報展示等，對象可以是學生與家長，讓他們可以經由許多方便的管道，了解必要知識與求助途徑。諮商師也可以針對不同學校的情況、資源與需求，設計一個改進的「行動研究」，可以用來解決問題、評估效果，以及作為他校或是政策擬定者之參考。

（六）諮詢者

諮商師不僅擔任家長或是教師與行政同仁的諮詢者，還可以是社區的資源之一。有時候法院有虐待兒童或是性侵案件，牽涉到學校學生，也都需要學校諮商師擔任專業顧問、提供意見，有時候也是「專家證人」的角色，提供其對學童治療的觀點與專業看法。

（七）代言者

諮商師接觸的是學校與社區，因此對於學校與社區需求的了解更為周全而透徹，也對於學校或社區所需資源，以及弱勢族群的需求最清楚，必要時需要擔負起代言者與改革者的角色，為學校與社區全體謀求福利，甚至進一步做研究、為弱勢發聲，提供政策擬定者更確實資訊，做具體有效之改革。

三、國小輔導教師應具備條件及訓練

（一）發展理論與國小階段個體需求

國小正值孩童剛進入正式教育的階段，也是孩子離開父母親或照顧人身邊，開始長時間接觸外面的世界，感受到一般社會對其之期待與約束，孩子除了要適應離開家長與家庭環境的保護傘、開始探險之旅，也要適應學校所規範的許多行為準則，因此也屬於人生「轉型期」。國小階段可能經歷的轉型期包括入學、升上不同年級、進入青春期、或是轉學與升學，甚至是家庭解組（或父母離異），也都可能意味著孩子從一個階段要轉換到另一個階段。

學生轉學也是一個「轉型期」，除了班級導師需要協助其適應新的環境與課程，讓學生可以「適應」之外，學生本身還需要調適一段「失落期」（與以前的生活環境、學校與朋友，甚至是與父母親的相處時間），重新去適應新的環境、學校、課程與同學，對任何人來說都是一段不容易的過程，加上我們對於「新來」的人總是有好奇、或者對於他／她怎麼會轉學會有許多（對或錯）的臆測，也讓轉學生的適應添加變數，許多轉學生也可能成為被霸凌的對象。有些轉學生可能是因為在前一個學校發生了一些事情，希望可以重新開始，但是不免身上就帶著之前他人給的「烙印」（通常是負面的），讓他／她在起步時就有許多難度要克服；有學生則是對於學習或是學校生活有適應的困難，卻一直沒有適當地解決，因此這些對學校或學習的負面印象就一直留存，即使轉到不同學校還是會重複以往的經驗；或是因為家庭等因素有中輟之危險，只好以轉學的方式來「緩解」。因此，學校諮商師對於轉學生的協助與了解要更進一步，而不是只以公事公辦的官僚方式處理而已，這當然也牽涉到教師對於自己專業的承諾與投注。

（二）諮商相關理論與基礎

諮商師本身通過研究所的專業訓練、碩三全年實習、證照考試，應該有基本的協助知能，然而僅僅一年多的臨床實習經驗，還不足以勝任學校的諮商工作，特別是對於兒童諮商與親師溝通這一塊，還需要特別著力！諮商師的實務經驗與繼續教育是持續進行的，這樣子不僅可以與同業有更多的交流、自我有更多的成長，對於所服務的對象也是最大的福祉。

諮商師除了有專業訓練的理論背景，還需要有一個核心理論作為自己臨床工作的基礎，這樣子才可能在進行助人工作時有依據、方向，也更清楚任何一種處置的理由，才可能陪伴當事人走一段方向清楚的路。諮商師不是「技術」的工匠，許多人對此有誤解，甚至連學習諮商的學生也是如此！其實每一項諮商師所進行的策略或是行動，背後都需要有堅實的理論與科學研究支持，這樣才行之成理！諮商師不能是「匠師」、或是沒有核心理論的基礎，倘若諮商師只是以「技術」為治療工具，常常會在了解當事人之前就妄下處置，忽略當事人的真正需求，甚且會對當事人造成傷害。

（三）了解學校行政與教育生態

諮商師若是服務的場域是學校，就應該對其職場環境與服務對象有深刻的了解，包括學校行政運作與流程，因爲諮商不是單獨作業，需要團隊的合作，而諮商師也需要爲當事人尋求適當資源，讓當事人的問題獲得緩解或處理、學校與家庭生活更充實愉快。像是諮商師與教師的合作，班級導師與科任老師通常是站在第一線與學生相處，最了解學生的情況，教師或是職員肩負觀察、發現問題、監督學生進步情況等責任。行政單位握有許多資源，諮商師要與行政單位作密切聯繫與合作，才可能讓其助人工作達到可欲的效果，當然行政單位也需要取得諮商師與全校教職員的合作與協助，才可能讓校政執行順暢；諮商師既然是學校的一員，而許多計畫的執行需要行政資源的配合，如果能夠得到行政同仁的合作，特別是主校政者的了解與支持，計畫或是活動的執行就更爲完善。諮商師還需要對於目前的教育生態有所了解，像是教育目標、教改與教師的職務、學生價值觀與家長態度等，這些都是大環境的一部分，也要很清楚這些現況與資源，才能進一步針對服務對象之所需，提供正確、適當的服務。諮商師不是待在辦公室等人來晤談的工作，特別是學校諮商師要與學校融爲一體，以自己的力量、結合相關可用資源，俾利於學校師生與家長。

（四）了解社區或是相關機構的資源，必要時做整合協調的工作

當然學校諮商師也不是獨立作業就可以，學校是社區的一部分，而學生與其家長、甚至老師都是社區的一分子，因此即便學校諮商做得很道地、扎實，學生身處的大環境若不友善、或是有許多破壞因子，也容易將學校教育或諮商效果減損或抵銷；另一方面，社區可以提供的資源也很多（像是家長、義工、社區機構或社福單位），學校與社區在人力與資源上可以做統整與合作，就是雙贏的結果。許多關切的議題不是學校單方面就可以努力成功，像是家庭暴力或是新住民子女教育，也都需要相關單位的

協調與支援，也就是要考慮整個環境與文化脈絡。

（五）需要創意與質樸的心

國小諮商師很需要創意與質樸的心。需要「創意」是因爲面對的是充滿好奇、潛能無限的國小學童，必須要有許多創意，才可以讓學生有新鮮感，諮商師提供不同的角度與觀點，也示範更多的選擇讓學生知道。有創意的諮商師基本上是可以接納不同的，在這個年紀的孩子有時候有不成熟的舉動，而諮商師不需要將其「個人化」或視爲「冒犯」、「不禮貌」，同時要能夠欣賞孩子的創意。需要「質樸的心」是因爲國小學生都還是孩子，保有兒童的天眞與善良，才可以窺見孩子心裡最純淨那一塊土壤；況且諮商關係建立得越扎實，就越能得到孩童的信任，因此當然也不能辜負孩子的童心與相信。

許多國小老師在這方面是做得很棒的，他們可以同理孩子、接納孩子，讓孩子在安全、自由、被信任的氛圍下成長，這樣的孩子長大之後也會以同樣的態度來面對生命。「創意」也是提醒諮商師不需要太拘泥於成人諮商的一些規則，而是營造輕鬆、遊戲式的氣氛，讓學生可以更容易將從諮商中學習到的，運用在日常生活中。創意還可以發揮在諮商技術與工具的研發，讓治療更順遂、有效，當然第一守則還是「不傷害」。

（六）永不止息的熱誠

諮商師的工作是專業協助者，也是傳統上的「治療者」角色，因此專業倫理的第一守則是「不傷害」，儘管諮商師嚴守這個原則，卻有時不免也會做出錯誤判斷與行動，這些都需要持續的自我覺察與反思功夫。諮商師不能只是做「最基本」的工作，如果諮商師只是將其職業當成是糊口工作，許多積極性的行動就不會產生，而有時候的「不積極」、甚至「不行動」就可能傷害了當事人，因此諮商師助人的「熱誠」可能是其與其他行業最大的區別，如何維持適當的熱誠，並做出最正確的行動，諮商師責無旁貸。諮商師每天接收一些當事人的負面能量，「自我強度」要相當，不然無法承受這麼多重擔，而諮商師懂得適度的自我照顧（包括自我身心健康的維護、有意義的人際關係或親密關係、不將當事人的問題與自己生活混淆一起等），才有更多的能量去擔任助人工作。

我記得有一位國小輔導主任，發現一位新轉學過來的四年級學生很喜歡用暴力、幾乎沒有朋友，了解此生沒有家長守護、主要照顧人也常更換，於是就將孩子安置在一位年輕有愛心的女老師班上，她告訴這位班老師說：「妳只要好好愛他就好了。」過了一學期，學生不僅暴力行爲幾乎沒有出現，而且開始結交了許多朋友，只是又準備要轉學了，但是這位學生已經有更大的能力去做更多的改變。簡單的一句話「好好愛他」，需要付出許多心力與配套措施，但是這個學校的團隊辦到了！

第二章

兒童發展與任務

學校諮商師必須要了解此階段（六歲到十二歲）年齡孩子發展特色與任務，對於孩子身心、認知、社會與心理發展都有概念，才會清楚孩子們的需求，也才能知道該怎麼做，並滿足其需求。學齡期孩子的發展任務有以下幾項：（一）學習動作技能；（二）建立正向自我觀念；（三）學習適當的性別角色行為；（四）學習與同儕相處與獨立；（五）基本讀寫算技能；（六）了解自我與周遭世界；以及（七）價值觀與道德發展。

本章會先介紹兒童期發展階段與特色，接下來述及學齡期兒童面臨的挑戰。

兒童發展階段與特色

我們看兒童的發展，已經不是所謂的「小大人」模式，基本上兒童與成人是有極大不同的，他們並不是「縮小號」的成人。在了解兒童發展的一些面向之前，要注意到兒童（個體）受到遺傳、環境與個人因素交互作用的影響，像是營養影響身體與智能的發育，母體的營養會影響自己與孩子的腦部發育；而身高基本上是受到遺傳影響，但是近幾十年來，我們的下一代就比上一代要高，主要跟營養與醫學進步有關。西方速食也影響到國內孩童過胖與第二期糖尿病發生率，另外像是「自閉症」，以前是認為與母親或懷孕情況有關係，但是目前也發現有環境因素（包括汙染與母體肥胖）在裡面。遺傳上有些生理上的限制，只能在後來的環境、學習與教育做適當彌補或修正，而「環境」的部分不只是家庭或社區環境而已，還要考慮到社會文化與世界情況，個人因素包含個人天生氣質與性格。「兒童」其實是享受某些特權的，基本上我們看到幼小的孩子都希望去保護與疼愛，因此不忍心看到孩子受苦或受罪，然而一旦脫離「兒童期」進入青少年，許多社會的期待就會紛至沓來，讓孩子感受到多方的壓力。

一、生理發展與特色

國小階段學童，在生理上已經擺脫了之前頭部較大的體型，身體的脂肪也慢慢減少，在國小階段，身體長長了、四肢也較細長，動作較靈活、協調，特別是在三、四年級時長得特別快，而男生大動作發展較女生佳，女生則是細部動作（如手指靈敏度）較好。現在孩子發育更快，可能在四、五年級就進入青春期，尤其女生發育較快（一般比男生快兩年），要面對自己（性）生理的成熟與心理上的適應。常常在高年級班上可以看到身材高大的女生聚在一起聊偶像時，體型較小的男生還在附近跑跑跳跳，形成一幅很有趣的畫面；國小高年級的性別差異有時也會讓師長們擔心，女生常常是一小群人在一起活動，有些女生開始遭遇到「關係排擠（或霸凌）」的情況，也影響到未來的人際關係發展。

男、女生在發展階段有一些分野，像是女生的發育比男生早兩年（因此女生通常會找比自己年長的男性為伴侶，這樣成熟度較為相等）；女性的體脂肪比男生要多，男生則是肌肉組織較多；男嬰早夭率較之女嬰要高，男性也較有發展的遲滯或問題（如唐氏症、自閉症、閱讀失語症、或腦性麻痺）；目前就發現女生腦部的「胼胝體」（就是聯絡左右半腦的機制）比男生要厚，因此女生考慮較為仔細，男性則是衝動與行動力較強；女性的語言表達能力較佳，可能是社會對女性的期待與訓練使然，男性的空間與體能較佳。

低年級的孩子在學校要接受「規範」的訓練，許多孩子都是獨生子女，在小學之前若沒有同儕（如安親班或幼稚園）經驗，可能在脫離教養人而獨立活動時，與人相處與合作上會有較多挑戰出現。孩童在中年級時會找同性友伴一起玩耍，對於性別刻板印象最為嚴重，因此若是孩子出現與自己生理性別較不一樣的行爲，也可能受到排擠或嘲弄。早熟的女性較受到異性喜愛，但較不受同儕歡迎；早熟的男性在同性同儕中有較高地位，這些也都是在處理其人際議題時需要考慮的因素。孩童若從小養成活動與運動的習慣，不僅可以培養其耐力與情緒管理能力，休閒與嗜好的培養、身體健康，也是生活與生命品質的基礎。

二、認知、語言發展與特色

國小階段是屬於所謂認知發展的「前運思期」與「具體運思期」，他們開始發展「物體恆存」（即使改變形狀也還是同一個物體）的概念，從「不可逆思考」（問哥哥有沒有弟弟，孩子會說有，但是反過來問他弟弟有沒有哥哥，孩子會說沒有）過渡到「可逆思考」，而且從一個向度（如長度）的思考，到從多向度（顏色、形狀等）的統合思考，但對於具體、或是具象的事情較能夠做邏輯推理，因此對於事情的解釋或是說明，要以「具體可見」的方式示範或處理會比較恰當，也容易明白。此階段孩子抽象思考也開始萌芽，思想上較有彈性、會做假設測試，也會有不同處理事情的方式，由於孩童雖然會有「心象」（也就是在腦裡解決問題，如「心算」）的能力，高年級生可以跳脫現實的觀察與條件、做邏輯推理，但是中年級以下的孩子還是從具體角度著手較容易理解，當然如果加入社會文化因素（如訓練、語言或其他媒介）也可以增進孩童的認知發展。

學齡兒童的語言發展極爲快速，也與其生長環境有關，許多家長會對女嬰說較多話，但是對男嬰卻以動作玩弄較多，這可能是受到社會因素影響使然，而不同性別的孩童在其教育過程中，也被要求、訓練不同的表達方式（女性以語言、男性以肢體動作）。語言發展與認知是相關的，與此階段學童溝通要注意具體化，若要學習新的動作或技能，示範多次，說明時帶動作，必要時請學童演練都是必要的過程，不要狃於急效！也因爲兒童語彙能力有限，有時候孩童的反應似乎是了解了，但可能是害怕權威或受到處罰之故，需要做進一步確認或說明，以具體例子說明或輔佐更佳，有時兒童的行爲是很好的觀察點，可以引導家長或教師進一步探查其眞正的動機與意圖，但是也要切記勿以行為為唯一判斷標準，還需要將其他相關因素列入考量。

語言的發展通常是按照聽、說、讀、寫的程序，在國小階段的孩子慢慢也會展現出不同的學習型態，有些人擅於經由聽、說，有些人擅於觀摩或操作的途徑學習，因此教師與家長可以讓孩子學習從不同的方式來學習，而不是只專於一種。閱讀習慣也在此時養成，而閱讀與個體的創意思考是相輔相成的，閱讀習慣的養成不僅讓孩子可以經由不同管道學習、增進自己的知識與智慧，也可以有創意地安排休閒時光，從閱讀中增加自信。兒童階段的孩子若閱讀能力一般，在教育與諮商過程中，也可以用符合其水準的閱讀教材（如繪本、文章）作輔助，達到預期效果。語言的學習主要是與環境（人）互動，個體需要從與人互動中了解語言的眞正涵義、測試與釐清自己對語言的想法，更重要的是定義自己與了解自己，因此單向的媒體（如電視、錄音）的學習是不足的，而孩童若長久處於孤獨、無人對話的環境裡，其語言與認知發展自然受限！

三、情緒發展與特色

情緒發展是由簡而繁（豐富）、單純到複雜（同時有多種情緒）、穩定、有前因可循；一般情緒發展特色是：（一）發展更廣泛、複雜的情緒關係；（二）情緒表達趨多元化、複雜化與彈性化；（三）情緒越來越協調、控制與情緒技巧也更佳；（四）越有能力反思自己與他人的感受；（五）能運用語言、遊戲與想像力來表達情緒；（六）個人情緒漸漸與文化所重視的技巧與標準結合；（七）發展出具整合性、正面性、自主性與情緒協調的自我感。

情緒發展是隨著社會化情況而慢慢複雜化的，像是嬰兒八、九個月大時就會有「社會參照」的情況，在不確定的情境下，會依據別人的表情做解讀，然後決定該如何反應，這也說明了情緒在與人互動裡的功能。我國的傳統與教育較不善於情緒的表露，特別是針對不同性別也會有情緒表露上的限制或約束（如可以較容許男性有「氣憤」的情緒、女性有「難過」

或「悲傷」的情緒）。情緒教育其實是我們教育中最缺乏的一環，因此常常也見到學童有情緒上的困擾，但是卻被忽略，因此適當的情緒教育要在孩童早年就開始，這樣不僅有助於其對自我的認識與了解（情緒是自我的一部分）、明白情緒的功能（有生存與社會意涵）、知道如何爲情緒命名與分辨（體驗世界與豐富自己生命經驗），以及如何表達與管理情緒（有助於人際關係與社會能力）。諮商師也需要了解孩子因爲認知發展受限，許多困挫的情緒不知如何表達，較容易以生理病痛或是行爲方式表現出來，因此必須要能夠仔細觀察與覺察孩子可能有的情緒（同理心），也知道運用其他媒介（如遊戲、活動、遊戲卡、繪本或繪畫、肢體動作等）來進一步了解、引導與紓解兒童的情緒與內心世界，這樣也可以培養孩子對於情緒的容忍度、或是挫折忍受度。

四、道德發展與特色

「道德」是人類社會可以和平共處的基本原則。孩童最初是「他律」的道德觀，也就是需要靠成人或有權威者的約束或處罰，漸漸地才會形成「自律」的道德。因此學齡期孩子道德觀的發展循序爲：以避免懲罰爲目標、服膺有權力與威嚴的人（七歲孩童最多在此階段）→爲獲得酬賞與獎勵而遵守規範、有「互惠」的觀念→行爲良好是爲了獲得讚美以及良好關係→盲目或無條件接受社會規範、避免受到處罰（高年級有四成達此階段）→對道德信念較有彈性、會尊重個人權益與民主原則→會考慮到社會規範與個人內化的理想，道德是依據個人的良心與原則做決定。在小學階段的孩童大都能夠認可他人的需求爲何，即便與自己的需求有衝突時亦然，十歲左右較能同理他人處境，也會因爲自己行爲造成的結果而感到驕傲或罪惡感，這也是一般人「利他」或「利社會」面的道德發展。最初研究道德發展學者的道德標準是以男性的「社會公義」爲圭臬，忽略了女性的關係與關懷特質，目前也都是公認的道德取向了，這些道德標準都會經由內化的過程，成爲個人行爲的指標，只是達到最高標準的仍然是極少數，而眞正有道德能力者是不是也相對地表現出道德行爲？似乎沒有這樣的關聯性，因為還要加上當時情境等相關因素（像是若挺身去支持正義，會不會因此而受傷）。

五、社會／與人關係發展與特色

家庭是人類第一個接觸的「社會場域」，許多的人際關係也從此處開始。從最先嬰兒與主要照顧人的「依附關係」，延展到成人之後的人際與親密關係。家庭裡的「手足關係」也是個體最早經驗的同儕關係，目前每一家庭的子女人數甚少，有些家庭甚至只有獨生子女，因此若孩子在入學之前沒有與同儕相處的經驗，很容易在入學時要面臨一些人際議題，而研究發現：「同理心」的養成與人際關係成正比。

許多家庭的孩童因為父母不睦、失業、忽略或虐待，成了無辜的犧牲者，有時候可以追溯到早期與主要照顧人的關係可能就是不安全、焦慮的，導致後來也較難與他人建立信任、安全與穩固的關係。人際關係是個人心理衛生最重要的指標，也是個體建構自我的主要參照（從他人的回應裡知道自己的模樣，也會思以改進），倘若從孩童時代開始就發現孩子有人際關係的問題（如孤立、自我中心、霸凌他人或被霸凌等），若沒有做適當處理與修正，成長之後也會延續同樣的問題，甚至較容易有心理疾病的情況產生，當然也要將個體的個性考量在內。學齡時期孩子的同儕或友誼關係發展，通常是經過幾個可以預測的過程：可以在遊戲中與人合作，一年級時會與同性別的人玩耍，可以與他人分享活動、提供協助，受到同性別同伴的接納，進一步會希望有同儕間的忠誠度，期待朋友是真誠、親密、分享秘密或自我揭露、有共同興趣與價值觀的。

心理分析學家佛洛伊德曾說過人生有三大要務（愛、工作與玩樂），即便是不同年齡層的人（大人也愛玩）還是有這些需求，而在國小階段，「玩樂」就是孩子們學習最重要的項目與媒介，他們可以藉由玩耍與遊戲去認識自己、拓展人際，也學習合作與一些社會規範。遊戲可以促進認知發展，讓個體去探索周遭世界，在環境中學習與解決問題；遊戲也可以促進社會功能的發展，在想像與假裝的遊戲中，兒童可以學習扮演不同角色，也藉以了解他人的想法；遊戲也允許孩子可以紓解情緒，學習在無威脅情境下，處理焦慮與內在的衝突感受。

現代兒童的需求與關切議題

人類有一些基本需求（像是要求生理生存、安全、愛與隸屬、自尊、自我實現，以及心靈滿足），需要獲得滿足，基本上是按照「生理生存→安全→愛與隸屬→自尊→自我實現→心靈滿足」的階層慢慢提升，但是也可能會發生不同的狀況（像是犧牲「安全」去換取「愛與隸屬」的受虐兒）。有些孩子常常餓肚子（生理生存）、或是常挨打（安全）、或是感受不到父母親的關愛（愛與隸屬），甚至常常被譏諷或貶抑（自尊），認為自己不可能有出息（自我實現），就不太能專心學習。小孩子也有心靈上的需求，只是我們一般人不太注意這一點，想想看當孩子遭遇到一些挫敗或是重大失落事件時，他／她要怎麼告訴自己重整起來，再度面對生活？

科技發達、經濟的全球化與影響，造成現代許多兒童在生命早期就經歷了許多的難堪之境，像是父母死亡或失能、照顧人忽略或虐待、創傷經驗（天災或人禍），與之前世代的孩童相形之下，有更多挑戰需要面對。我國目前兒童教育面臨的議題有：父母失能（沒有發揮親職功能或不在身邊）、家庭結構變化（單親、繼親）、隔代教養（親代不在，由祖父母教養）、新住民（外籍配偶嫁來臺灣）、溺愛親職（少子化）與親職外放（親職功能由其他機構分攤）等。

現代孩子成長在不一樣的時代，也面臨了不同挑戰，不僅是競爭對手全球化，要學習的更多，加上少子化，父母親對他／她的期待就不同，也可能會因此溺愛較多，該教育的目的沒有達到，造成不能容忍挫折或是失敗的「草莓族」或「水蜜桃族」。此外，許多家庭結構產生變化（像是雙薪家庭、單親家庭、隔代教養、繼親家庭等），有些家庭又因為失能親職，造成更多孩子的成長變數。現代的孩子較之以往世代要面對更多的問題與困境，不完整家庭與凌虐事件就是其中兩項，但是只要孩子感受到其中一位主要照顧人的愛，其成長與發展也可以很順利。科技與電腦網路發達，也侵入一般家庭造成很大的衝擊，年輕一代不再執守較傳統的價值觀，這也造成代間與教育必須面對的另一個課題，就如前幾年國內調查國小學生最希望是變成「星光大道」的明星可見一斑！

學齡期兒童面臨的挑戰

從學齡期兒童的各方面發展，以及考量目前的大環境，綜合言之，目前兒童階段最常出現的關切議題有：

一、人際關係或衝突

學校是兒童接觸的第一個正規教育機構，與之前的家庭或幼稚園最大的不同在於：兒童需要學會安靜坐著學習、與同儕長時間的互動與合作，以及因應不同教師的管教與要求。也因爲每週有相當長的時間與同儕相處，自然需要慢慢學習分享、與人合作的知能，許多孩子是獨生子女，平日沒有與同儕長期相處經驗，加上家人極爲寵愛，因此比較沒有「分享」的觀念，這也是兒童必須要學會的課題。

人際關係關乎一個人的身心健康，國小學童其友誼關係特色是從玩伴慢慢發展成較有意義的關係，然而若是生活中缺乏這一塊，不僅會讓其在學校生活與學習中缺乏最主要的動力，也可能會影響未來的人際關係（或模式）與生活；有些家長「不在乎」孩子在課業學習之外的學習，很容易讓孩子以課業爲優先，卻忽略了其他更重要面向的學習，而且讓孩子在人際互動上瞠乎其後，是最大致命傷。國人兩個自殺高峰期是從十四歲起至二十四歲，以及六十五歲以上，有過自殺企圖或是自殺成功的人基本上在人際網路上是欠缺的，甚至是孤立的。

學齡期的孩子不管是因爲個性上的害羞或是缺乏社交技巧，也都可以做及時的彌補或訓練，若過了這一段敏感期，未來要交友、或是形成有意義的人際關係就不容易。「霸凌」也是人際關係的問題之一，這需要全校與社區的團隊合作，包含安全社區宣導與維護、防止暴力教育，學校本身要有清楚行爲準則供師生遵循，也有明確可行的反暴力規定，對全校師長與家長進行有關霸凌與校園安全的宣導與教育，健全學校環境（安全檢視、防止治安漏洞），使師生置身其中安全而自在，提供相關霸凌與防堵的班級輔導、團體諮商，以及相關加害、受害者的團體與個別諮商服務等。

二、家庭問題

現代家庭結構多元，單親家庭增加，其他形式的家庭（如隔代教養、雙薪無子、通勤家庭、繼親家庭等）所在多有。一般人都希望一個家庭「完整」，也就是有父親、母親與子女，固然是因爲這樣的家庭每個角色都可以各司其職、功能健全地運作，然而如果爲了保持家庭結構的完整性而犧牲了家人的福祉，也不是好事。像是有些夫妻爭吵頻繁，家人每天都生活在極大的壓力與焦慮中，家庭成員的身心健康更可慮！有研究調查爭吵但完整、離異家庭或是家長之一死亡的家庭，結果發現適應最好的是家長之一死亡家庭的孩子，其次是離異家庭裡的孩子，最糟的是常常爭吵家庭裡的孩子，孩子只要可以感受到其中一位主要照顧人的愛，其後來的發展都可以不脫離正軌，因此「家庭結構」並不是幸福家庭的唯一指標，主要是家中成員有沒有安全、穩定、被愛護的感受，也就是家庭能否發揮其應有功能而定。

目前社會面臨最嚴重的問題在於父母失能（酗酒、嗑藥、入監、失聯或失蹤等）、沒有發揮親職功能，造成許多學童流離失所、基本生存條件就有問題，再加上身心受創。父母親本身不懂得照顧自己、沒有養家技能，當孩子出生之後，也沒有適當養育知能，更糟的是還讓孩子發育不全、價值觀偏誤，這些問題不是單靠學校教育就可以彌補回來；有些家長仗恃自己的弱勢地位，對師長或福利單位予取予求，看在孩子眼裡，又是怎樣的一種身教？

三、家長期待與學業表現有落差

現在的學生競爭對象不再是地區性或全國性的，而是全球、世界性的，不少家長也都將孩子送往國外接受國高中以上的教育，希望可以增厚其競爭力，而留在本國的學生卻還在夜郎自大，以為自己是個中翹楚，爭相進入第一流學府，卻嚴重缺乏後續的努力與實力培養功夫。較容易出現問題的家長期待有兩種，一種是要孩子以學業為唯一目標，欠缺其他能力與為人處世的修養，另一種是對孩子沒有期待、也不給予資源，這樣的情況發展結果，造成更多的社會階層落差、人文的基本素養遠遠落後，也都不是社稷國家之福！

有資源的家長拚命要孩子去學各種才藝，無資源的家長讓孩子對自己的未來沒有適當期盼，前者讓孩子負荷過重，後者提前讓孩子自暴自棄。學業與壓力也與世界脈動同步，學生價值觀多樣也歧異，有些與師長的一般價值觀大異其趣（如吃得苦中苦、方為人上人），許多學生不願意遵循學校的系統教育、按部就班學習，凡事講求速成，許多的學習都變得很空虛、花俏，各國教育也面臨最關鍵的挑戰。

有些學生的學習落後、或是資源不足，諮商師也可以安排教師或相關人員，教授考試或讀書策略、或者以班級輔導或小團體方式進行適當的學習輔導。

四、自信與自尊

學生的自信心其實需要適當成功與失敗的經驗慢慢累積養成，但是現在要求速成的結果，固然讓學生表面上得到許多（如證照、能力認可），卻不一定實用或派得上用場。家庭與學校教育沒有針對學生的反思能力作加強，使得許多學生只要求別人「該」給他們什麼、缺少自我要求與自律，這樣的結果不僅在人際關係上遭遇困挫，對於自我知識的不足，也造成自我衝突與其自信的問題（過度膨脹或是缺乏）；此外，只是著重在技術層面或表層上的知識，沒有厚實的人文素養，對於周遭生存環境或是脈動的不熟悉，學生只要一走出國門、或是進入另一個學習階段，就會發現自己嚴重不足或不適任。家長所施展的權力也已經讓一些堅守教育崗位的教師吃不消或萌生退意，如果教師執意要做管教動作，卻碰到家長極力干涉，識相的教師就選擇放手、不管事，這也大大削減了教育的功能，加上許多家長藉助補習班或安親班的協助，使得正式教育系統淪爲「保母」機構。

五、缺乏被照顧、創傷經驗

這個類別裡包含有被忽視（或剝奪）、被虐待（肢體、語言、心理、精神、性等）、或是遭受人禍（如車禍、重要他人自殺、犯罪、綁架）或天災（水災、風災、地震）的倖存兒。孩子缺乏生存或生活的基本照顧，自然影響其後來的發展與學習，而心理或是精神方面的創傷，可能源自於有些家長的認知錯誤（如：不要去想就沒事），更遑論會進一步去關懷與照顧孩子的身心狀態。雖然學校教師在心理疾病的認識上已經較以往進步許多，然而讓孩子可以得到最佳照顧的最大障礙依然是家長，有些家長也有駝鳥心態，即便知道自己的孩子有心理或是學習上的障礙，也不願意去做了解或求助，不僅延擱了補救的關鍵期，也讓孩子受苦時間更長！倘若這些孩子的創傷是自家人所造成（如家暴、性侵或心理虐待），家長們更不可能將孩子送去診斷或治療。

兒童失去至親的人（如親人死亡或父母離異）或寵物是一個重大失落，諮商師要與班級導師做緊密聯繫，除了要觀察孩子的生活作息可能受到的影響，也要觀察需要做哪些必要處置。

六、網路與上癮問題

網路發達與普遍，自然讓許多學童有了更多管道去了解世界或汲取新知，只是網路上所出現的大多是「資訊」，卻不是經過科學驗證的「知識」，容易誤導孩子。網路也成爲家長獲得喘息的一種方式，將孩子交給電腦與網路，若沒有在旁監督或了解，也可能讓孩子養成上癮惡習，嚴重影響其生活各面向（人際、學習、休閒、家庭等）的功能。現代的孩子除了在學校有活動與玩耍的機會外，若家長無法養成孩子參與其他休閒活動的習慣，孩子也只能從網路或電視中去打發時間，沉浸在網路世界的孩子與現實世界是脫離的，有些學童甚至模糊了現實與虛擬世界，形成嚴重心理疾病而不可自拔！學校教育基本上可以平衡學生從網路上獲取的資訊，但是學童的判斷力養成，需要師長長期的努力與訓練，倘若沒有適當監督機制的配套，學校教育是抵不過網路力量的。

第三章

校園諮商倫理

校園諮商倫理

專業助人者無論執業場所爲何，都有必須遵守的專業助人規範與倫理，尤其在校園裡面諮商師面對的主要是未成年的學生，加上最近世界與國家對於兒童或是沒有行爲能力者的保護更多，因此學校諮商師有必要了解相關的專業倫理與法律，一來維護與確保服務對象的權益，二來也保障了自己的權益。本章先針對諮商師需要遵守的專業倫理做說明，而關於法律的部分則在第八章做說明。

諮商師與學生

一、知後同意

因爲在國小學校服務的學生是法律上所規範的「無行爲能力」者，因此對於許多學生的處置措施也都需要家長或是監護人的同意，甚至在正式諮商進行之前，先要取得家長的「知後同意」，然而家長或是監護人卻不一定對專業協助有正確的觀念，許多家長認爲自己孩子需要諮商或治療是很丟臉、或者擔心孩子被汙名化，因此即便了解孩子可能需要進一步協助，卻不肯簽下「知後同意」書。學校諮商師不能因爲家長的懷疑或卻步而不積極尋求家長的同意，反而需要與班級導師、校長或其他重要他人一起說服家長，讓學童得到及時且有效的協助。在學校機構裡，基本上教師可以承擔監護之責，因此若是要進行相關學業或是人格測驗，也都可以直接進行，只是現在的家長對於孩子的權益更為重視，不免會打破沙鍋問到底，諮商師就需要準備適當的資料，讓家長更清楚校方會如何進行測驗或諮商，而學童可以獲益的又為何？最怕的是家長不明白，也就更不可能支持。

二、保密原則

如果諮商師只是擔任輔導與專業助人工作，不涉及教學，其角色就較為單純、可掌控，與學生關係因為隔了一層（不像任課教師那樣有評分壓力與威嚴），因此有助於建立較佳的治療關係，諮商關係中的「保密」原則就較容易遵守。然而，如果有教師轉介學生來做諮商，而該教師又希望了解諮商進行的程度，或是諮商師也有責任讓導師了解學生的處置情況，諮商師就要注意所提供的「內容」是不是違反了與當事人的「保密」協定，當然如果當事人有自傷或是傷及他人的危險性時，「保密」條款就不適用。即使學生參加團體，某生導師希望可以了解學生在團體裡的進步或表現，諮商師也只能說明該班導學生的情況（也謹守上述的保密原則），而不是不分生疏地將所有學生的情況全盤托出。

在學校做諮商工作，最難的就是「保密」，因為教師之間會有「共同服務對象」——學生，因而彼此之間會做一些交流，包括討論學生相關議題，而諮商師若也是教師，要如何避免洩密的情況發生，而同時又保有學生信任的「保密原則」？學生就是害怕教師之間會彼此互動，加上學生的權力較之教師要小很多，萬一他／她所談的內容會破壞老師對他／她的印象、或是師生關係，甚至是家人關係，學生知道自己是最終、也逃不掉的「受害者」，因此在學校諮商，「保密」為最關鍵的守則。例如學生可能找諮商師談到自己不受到班導重視、覺得無法討好班導，當班導來詢問諮商內容與進度時，諮商師當然不能提到學生認為班導不公平的觀感，但同時又需要讓班導知道一些諮商進度，因此諮商師可以這麼回應：「我們這一次談的是人際議題，學生也想要跟老師、同學相處融洽，讓自己的學校生活更有趣。」有時候也可以取得班導的合作，可以這麼說：「學生很重視老師，也以老師的讚許爲自己努力的目標。可不可以請老師在下一週上課時，只要該學生表現出不錯的行爲，就給予讚美或是微笑？相信學生一定非常高興。」

有的學生會關注諮商師的紀錄，擔心自己是不是有些話不該說、或被記錄下來不利於己，諮商師可以讓學生了解自己記錄了什麼，唸給學生聽、或是讓學生看紀錄都可以，甚至與學生討論哪些內容不要納入，這些也都是尊重學生、嚴守保密的原則可以做到的。進行學生團體諮商也較不容易保密，因爲學生在學校裡的時間很多、彼此也常碰面，可能不小心就說出在團體中其他成員的私人事件，諮商師要隨時並重複提醒成員不可談論成員發生在團體中的事件，但是可以談論自己的團體經驗或想法，而諮商師在對家長報告其子女於團體中的情況時，也要注意不涉及其他成員。

諮商師面臨的另一層倫理議題是家長或是學生的法定監護人。萬一學生披露家暴或是相關被傷害或是傷害事宜，會影響到家人，那麼他／她應該如何？如果學生未婚懷孕、或是受到性騷擾，他／她該不該報告家長？如果裡面還涉及家人或是學校老師與相關人員，應該如何自處？倫理議題不是「非黑即白」這麼容易處理，而是需要許多智慧的判斷，學校諮商人員尤其要注意「界限」的問題，也就是拿捏與不同人的關係，不要妨礙到治療關係或是傷害到學生。

既然諮商師也在學校工作，因此可能有很多機會在校園裡碰到當事人，而有些當事人並不希望讓他人知道自己去求助、或是見過諮商師，而諮商師也不擔任任何科目的教學，因此諮商師在第一次晤談時就可以與當事人約定：「我們在這裡的談話，也許你／妳不想讓其他人知道，所以有時候我們在校園裡不小心碰到，你／妳只要喊我老師就可以，好不好？也不要覺得不舒服或不知道該怎麼辦，這樣可以嗎？」

倘若諮商師以學生爲對象做研究，也要注意該遵守的倫理原則，即便後來做成論文或是個案報告發表，學生的隱私權也要充分保護。諮商師只要遭遇到任何疑慮，先思考其可能的危險性（尤其是對當事人的傷害）、查閱相關倫理守則、找同仁討論、請教資深督導或律師、或是請教諮商輔導學會的倫理委員會。

三、不傷害

諮商師使用的任何處置方式，都是經過合格的培訓過程，才可以運用在當事人身上，諮商師不能只是聽過或是讀過一些特殊技巧，沒有經過專業訓練，就草草將這些技術運用在諮商場域，這不僅不符專業倫理，可能傷害當事人，甚至吃上官司。如果諮商師需要運用一些特殊的技巧來協助學生之前，事先必須要考量其必要性，然後做好一些可能的防護措施（包括了解技術的危險性、要如何謹守安全原則、甚至要告知當事人可能的危險性）。諮商師是一個「療癒者」，因此其第一守則就是「不傷害」，接著才可能爲當事人謀福利。

許多當事人是第一次求助，對於諮商協助過程不熟悉，諮商師有義務要讓當事人充分了解諮商過程、當事人與諮商師的角色與工作，以及倫理議題，即便契約上面有一些機構的規定，但還是要解釋給年紀較小的當事人了解、甚至逐條說明，當事人也可以隨時提出疑問，並由諮商師做適當解答。

在學校裡的諮商師特別要注意自己的處置方式，是不是會損害到當事人的權益。學生是學校最弱勢的族群，他們在學校裡可能過得不快樂，也許是因爲自信不足、很少朋友、或是課業不佳，加上家庭背景與一般同儕不同，如果他們也是老師不喜歡的學生，那麼老師轉介來給諮商師，可能會帶有一些不切實際的期待（如希望諮商師在短時間內「治好」學生），諮商師必須要讓老師們知道諮商的功效不是立竿見影，同時需要學校師生與家長的團隊合作，諮商師可以取得老師與學校其他人員的共識與合作，營造一個友善、安全、穩定的環境，讓孩子可以自在學習。

諮商師也要尊重個體（包含不同文化背景的學童），不應該因爲學生的外表、成績、家庭背景、語言或族群等而對學生有差別待遇。有些學生若受到不公平待遇（包括被欺凌或歧視、分配資源不足或資源沒有到位），諮商師都有義務爲其發聲或代言，爭取應有的待遇與福利。因此

「不傷害」只是最基本的原則，而諮商師需要進一步積極為提升服務個體或族群的福祉而努力。

四、權力議題

老師基本上是一位成人，也擁有其專業上的權力，因此學生「怕」老師是理所當然的。以前我小時候看見老師從廁所出來，還嚇了一跳，當時以為老師是「聖人」，不需要上廁所！因此在教育或是諮商場域中，如果老師想要正確傳達給學生訊息，最好的方式是蹲下來、或是與學生平坐，這樣子就可以減低學生的害怕與擔心。除了在諮商或諮詢場域努力弭平「權力」關係之外，諮商師必須要努力讓學生或同仁願意來談，讓諮商求助可以普羅（大衆）化，因此其所展現出來的態度與姿態就是很重要的決定因素，諮商師在學校不是侷限在自己的諮商室或辦公室裡，而是願意去全校走透透，多利用時間去了解學校文化與生態（包括師生與職員），這樣才能夠在執行業務與工作時，有足夠的了解並取得充分的合作。諮商師要適當使用自己的「專業權力」，而不是「位階」，因此對於來求助／諮詢的學生或是同仁要抱持「願意傾聽」、「願意了解」與「願意討論」的心態，一位專業的諮商師永遠有「謙虛」、「好奇」，才可以讓專業能力與自我成長更精進，相對地也提升了當事人的福祉。

五、能力議題

諮商師經過基本的專業訓練，擁有基本的助人知能，但是還是需要自己在臨床與專業成長上持續作努力與增能。一般學校諮商師或許能夠以遊戲為媒介，與學生進行諮商，但是卻不是可以號稱以「遊戲治療」為專長的諮商師，因為擔任遊戲治療師是需要經過一段時間的專業訓練與認證才可以合格執行業務。雖然國內目前沒有這樣的認證制度，但是身為遵守專業倫理的諮商師應該清楚自己的「能」與「不能」，不能誤用自己沒有專長的治療。此外，如果諮商師要採用很新的技術，必須要有研究實證做基礎，同時要在當事人身上使用時，也要提醒當事人（與其監護人）可能的危險與傷害，並要為可能的傷害控管預做準備。諮商師若發現自己的能力不足，最好做「轉介」動作，讓當事人可以接受更適當、更佳的治療，要不然也是違反專業，甚至可能觸法。也因為諮商師不是獨立作業，有時候像是碰到需要藥物或其他治療同時進行的當事人（如躁鬱症、過動兒），也需要在初步診斷之後，轉介當事人到身心科或醫院相關部門先做進一步診斷與處理。

有些學校固定會做一些性向或心理測驗，大部分諮商師雖然可以協助施測、甚至記分，但是在測驗結果的解釋上還是需要專業或合格人員來做。測驗的結果通常是以分數記分，然而分數若無常模參照或其他參照標準，幾乎沒有意義可言，像是有些教師對於智力測驗的分數根本沒有概念，但是卻以一般常識對學生解釋分數的意義，學生只知道互相比較，卻誤解了眞實意義，這樣造成的傷害非比尋常！像是分數低的同學就可能有「自我預期」效應，認為自己這一輩子都不可能有更好的發展、或者變成同儕嘲笑的對象，沒有專業背景的教師不是害人匪淺嗎？

六、雙重或多重關係

學校諮商師在學童眼裡可能與一般教師無異，若諮商師兼任教學工作，其角色就更為複雜，學童有時候也很難區隔。倘若學童視諮商師為教師，又如何在諮商過程中與諮商師建立起較為平權、非權威的關係？而學童也會擔心老師與學生基本上是對立的立場，他／她又怎能將諮商師當作一個願意關心自己福祉、不會洩密的成人？當事人與同學若在校園內見到諮商師，諮商師應該要如何應對？這些都可以在治療關係開始之前與當事人說明、解釋清楚，開放讓當事人問問題，並且教育當事人如何利用諮商的服務與其限制。

學校諮商師若已經在學校擔任專職工作，就不應該另外開業或擅自在外接案，這樣可能會有利益衝突（如在學校沒有盡力治療，轉介到自己在外面開的心理診所），這就像是學校老師在外面兼差補習一樣，容易踰越分際，也不能做好應當的職責。然而，學校諮商師有時候還是需要擔任督導或是顧問的角色，倘若被嚴格限制不能在學校以外的機構執業，可能也讓諮商專業面臨沒有資深先學者引領後學者繼續精進的瓶頸，或是切斷了助人專業領域內彼此學習的管道。這些其實都要靠諮商師本身對於自己與專業的期許、拿捏適當分寸，畢竟人最終都須給自己交代。

諮商師與教師／行政人員

一、雙重或多重關係

基本上諮商師不能擔任同仁的治療師，因爲這涉及「雙重角色」（是專業諮商師又是同事）；再則，由於諮商師在學校裡與其他教師是「同事」關係，基本上除非可以平等對談，要不然擔任「諮詢」角色可能會涉及「雙重關係」的議題。倘若諮商師還負責學校的行政工作（包括輔導室的業務），與同僚之間的互動也有可能需要列入考量，因爲這牽涉到「權力」的問題。諮商師也可能是學生問題的諮詢者，而同時又是同僚的「顧問」，因此有些關係界限的拿捏也要注意。

二、保密原則

有些同仁會以學生的問題來諮詢諮商師，基本上也要注意「保密」的原則，不僅是同仁可能不希望其他教師知道，也不希望學生知道。然而若涉及學生或是弱勢族群的權益問題，諮商師還是需要執守專業倫理與法律，不能因爲是同僚關係而有所顧忌。

此外，教師們可能基於服務對象是學生，有時候不免會談論學生的問題，但是諮商師不應該「毫無限制」或毫無保留地與其他教師談論所接個案的學生問題，這樣很容易就打破「保密」倫理，傷及學生以及治療關係。若導師或轉介的同仁關心學生的進展，諮商師所提供的資訊，也要特別注意。若有必要討論學生的問題（像是定期的個案研討會），也要謹守保密規範，注意討論的時間與地點，以及資訊的流通。

再則，學生資料的紀錄與保存也相當重要，需要特別協助或是留意的學生，也應該做追蹤與輔導；現在許多學生紀錄都電腦化了，但是可以接近電腦的人員有很多，諮商師要確保這些紀錄不會讓其他不相關的人看到。目前我國學校學生都保有一些個人紀錄，可以從小學一直跟著學生到高中，只是沒確實做到，造成許多學生在小學時的紀錄，沒有隨著學生學習階段持續跟上去，很多需要注意與協助的重要資訊都會流失，這也會造成後續協助的斷層！

第四章
適用於兒童的諮商理論

輔導教師或是諮商師若無堅固的諮商理論做基礎，其在面對與協助學生時，就會提早遭遇困境，這也回歸到諮商師的本質——不是以「技術」取勝，而是在知能的專業發揮與發展。在本章會介紹幾個較適合國小階段的輔導與諮商理論，我要強調的是：「諮商」不是以技術取勝，而是助人的初衷與熱情，「技術」只是輔助工具而已，最重要的是教師與諮商師在適當時機運用了適當的方式來協助當事人。因此，讀者諸君若是對於某些理論較情有獨鍾，我在書末會介紹幾本入門書供讀者參考。

每一個諮商理論，也都提供了許多重要思考線索與方向，如佛洛伊德學派的精神分析理論，提醒我們家庭與早年經驗對於人格的形塑很重要，而親職的接納與涵容，是讓孩子學會自己是有價值的、被喜愛的重要元素；其所謂的「防衛機轉」就是人類爲了抵制焦慮所運用的生存策略，了解這些防衛機制，而不鼓勵過度使用，也是藉以了解孩童的一個觀點（如說謊是爲了保存自我與自尊，不過度就可以理解）；佛洛伊德的性心理發展階段與艾力克森的社會心理發展理論，可以協助諮商師了解不同階段孩子的發展與需求。精神分析學派的「場面構成」，運用在實際治療情境（像是固定時間晤談、有開始與結束），就是提供了當事人一個安全、穩定的環境，是建立治療關係最重要的因素；此外「自由聯想」技術也可以運用在與孩童的諮商中，從不同語句的聯想，了解孩子的可能心境。「依附理論」的關係形成，特別是照顧人與被照顧人自出生開始的互動與親密，也奠定了往後人際關係與對自我看法的基礎。

此外，佛洛伊德的「移情」與「反移情」理論，提醒諮商師在治療關係中要注意當事人與重要他人的關係與影響，以及諮商師本身的自我議題，需要做仔細整理與適當改變，以免做了錯誤處置，傷害了當事人。

個體心理學

阿德勒的「個體心理學」是相當適合應用在國小階段的學童，因為他的許多觀點是相當民主，而且走在時代尖端的。以下分別解釋一些可用的觀點：

一、出生序

阿德勒認為一個人出生的次序（也就是排行）具有其特殊的個性與意義，然而要特別注意這裡的出生次序不是指一般的出生排行，而是所謂的「社會心理地位」，也就是個人覺得自己在家中的地位如何，以及父母親對待的態度如何來做決定，因此如果此人排行老二，但是父母親視他如長子，他也認為自己比兄長要優秀、可信賴，那麼此人在家中的排行就應該算是「老大」。不同排行的人會有不一樣的個性，老大通常較傳統保守、顧家、會保護他人、較負責也固執，有時也很霸氣，容易與那些較年長的人建立關係；家中兩名子女排行老二者，其個性較像獨生子或是么子，倘若其與老大相距在三年以下，彼此可能會有競爭關係、或是發展出與老大不同的興趣或個性，然而當其後無來者之時，其可能恃寵而驕，但也可能較獨立；三個孩子中排行老二者，強烈感受到自己不受重視（因為父母親看到優秀的老大與可愛的老么），但也因此較自由、不受拘束、在外面朋友較多；獨生子女可能傳統、也可能較叛逆，與長者的關係較佳、同儕關係較差，但也有充分的發展空間。手足關係是我們最早的同儕關係，然而現在少子化趨勢、獨生子女多，許多孩子在上幼稚園之前很少有與同齡孩子接觸的經驗，一旦與其他孩子接觸，就可能因為沒有分享的經驗，常常引起人際間的問題，而不少孩子也提早體會到同儕霸凌或是被孤立的情況，這也是學校諮商師需要注意的。阿德勒的出生次序，可以協助諮商師了解學生的個性與優勢，善用這些優勢，可以讓協助效果更佳！

二、家庭氣氛

阿德勒認爲家庭的氣氛（家人相處、手足關係等）會影響一個人的性格與成長，他也認爲手足關係是相當重要的人際學習。父母親的關係良好、親子融洽，自然會帶領子女關係更佳，手足關係讓孩子學會與同儕相處、接納不同並與人合作，是相當重要的人際訓練。家庭氣氛像是威權、壓抑、拒絕、批判貶低、不和諧、不一致、物質主義、過度保護、憐惜、無望等，甚至讓孩子表現出殉道者的模樣，也都影響深遠。許多的家庭受到原生家庭的影響，因此「結婚」通常不是兩個人的結合而已，而是兩個「家族」的結合，許多自原生家庭帶來的價值觀、生活習慣、人際互動模式等，都會影響目前的家庭與家人關係，需要結褵的兩造共同合作、共創更「適配」的生活。諮商師了解學生年紀越小、受到環境影響力越大，而許多學生的問題並不是本身的問題，而是突顯了家庭裡的狀況（請比照「家族治療」觀點來看），因此有時候也必須要尋求學生家庭的協助，讓學生有更好的適應與學習。

三、行爲目的論

阿德勒不認爲孩子有好壞或是生病，而是暫時的「不適應」而已，每個人的行爲背後都有動機，只要了解孩子的眞正動機，就可以解釋其行爲。了解動機的管道是「感受」，也就是當孩子出現某種行爲之時，父母親或師長的感受爲何（是很煩、生氣、痛心、無助或是莫名其妙）？其背後所產生的動機就有不同（可能是引起注意、權力鬥爭、報復、表現不適當，還是興奮刺激）。了解不同的動機之後，處理上就會較容易、適當，像是對於「引起注意」者給予適當的注意就可以了；不要逞強、落入與孩子的「權力鬥爭」之中，而是按捺住脾氣，讓自己冷靜一下再處理；告訴孩子你知道他／她受傷了，那種痛苦的感受你很清楚，如果他／她願意跟你談、或是你可以爲他／她做些什麼，他／她會好受一點？而孩子若屢經挫敗、對自己幾乎沒有信心，因此不敢再去嘗試，就要給他／她適當成功經驗與鼓勵，讓他／她可以踏出新的一步！孩子若是做出無厘頭的事，可能就是讓無聊的生活平添一些樂趣，如果沒有傷害自己或他人，偶而也可以忍受一下。了解學生行爲背後的動機不僅可以讓諮商師可以處理更好，學生也因爲被了解而願意合作。

四、有效的鼓勵

阿德勒認爲許多孩子都是缺乏鼓勵的，因此才會表現「不夠好」，所以他建議使用「有效」的鼓勵，也就是這些鼓勵可以眞正讓孩子受用，因此需要有具體事例以資證明，不要空口說白話，也不要利用一些華而不實的美麗辭藻。有效的鼓勵像是：「妳今天忍耐妹妹的哭鬧、願意陪她玩，我眞的好感謝！」「這一次的成績雖然不如你期待，但是你都把題目努力做完了，這種精神我很佩服！」諮商師遭遇的通常都是生活中碰到困挫的學生，因此要有能力看到學生的優勢與長處，即使學生表現得不如預期，也要給予適當的機會與時間，讓他／她可以做修正與調適，而當學生發現有人看見（或「認可」）自己的優勢，就會提升其自信，更有動力去做「可欲」（想要）的改變。

五、民主與平等

阿德勒的觀點是走在時代尖端的，他最早提出治療的「平等」關係，也率先作家庭治療，還認爲應該將民主精神落實在家庭裡，因此他特別提倡「家庭會議」，每個家庭成員在家中都擁有相等的權利，可以發表自己的感受與看法，而家人都應該尊重；倘若家庭有重大決議要做，應該召開家庭會議，讓每一個人都參與。諮商師若是碰到當事人需要家人的協助，也應該將重要家人納進來商議或諮商，不要讓學童獨力奮鬥。諮商師基本上是希望與當事人「權力共享」，可以讓學生免除對於權威的恐懼，他們也希望被視作一般有能力的人，其想法與感受也受到認可與尊重。

六、社會興趣

人有被認可的需求、被看見自己的需求，特別是自己表現好、受讚許的面向，這樣就會朝對社會有益的方向努力，反之就會朝向對社會無益的方向去做。阿德勒看到每個人都希望可以與他人有連結、可以爲社會貢獻自己，如果這樣的需求受阻、或是努力沒有被看見，就可能會往對他人或社會無益的方向去做（像是傷害他人或自己、犯罪）。我們在看一個學生的時候，不要就馬上認定他／她是一個「壞」學生或「壞」孩子，因爲在這之前，他／她一定努力過（做「好」學生或「好」孩子），只是他／她的努力沒有達到他人認爲的標準、或是沒有被看見，因此他／她才「放棄」。

七、邏輯／自然結果

自然結果就是不需人爲操縱的結果，像是跑太快會跌倒，但是生活中的學習光是靠自然結果是不夠的，因此家長會希望建立一些合理的、邏輯的結果，讓孩子學習到更多。例如孩子騎腳踏車有危險性，但是又不能不讓他／她學，於是規定他／她在騎腳踏車時要有成人陪伴、或是只能在公園裡面騎，萬一違反規定，就將腳踏車沒收，暫時不能使用；或是兄弟倆共同玩玩具，但是因爲該誰玩而起了爭執，於是家長將玩具暫時收起來，要他們去商議怎麼玩不會吵架的方式之後，才可將玩具取回，這樣不只減少了以後爭吵的機會，也讓兄弟倆學會合作。所謂的「邏輯」就是要合理，可以說服學童這樣的作法是合理的、可以接受的，萬一像以下的情況就很難讓人接受：沒寫作業，罰跑操場三圈。

八、早期記憶

阿德勒也相信人格的養成是在小時候就決定了，但是主要是受到個體如何去「解讀」那些早期經驗有關，因此他發展了一個「早期記憶」的技術，主要是搜集個體八歲之前的記憶，從這裡去了解他／她看世界的方式。通常蒐集八歲之前的記憶最準確，要當事人說得越多越好，然後從每一個事件中去看裡面的人物、感受，以及正負事件的比重，就可以對此人的性格猜出六、七分。

運用此學派的理論基礎時，諮商師會讓學生有自在、平權的感受，也提醒學生有說話或不說話的自由，然後觀察學生身上可能有的優點、或是從學生進入諮商室之後諮商師看到他／她的表現（像是「你／妳是一個體貼的人，注意到把門關上。」或「你／妳很有禮貌，會跟我先打招呼。」），讓學生可以放鬆心情並得到認可，接下來的諮商工作才容易進行。此外，諮商師不會使用「武斷」的字眼，而是將其轉換成「猜測」的語氣，讓當事人去決定，這樣的作法會讓當事人覺得沒有太大壓力，也少了諮商師威權的壓迫，是較為民主的型態，像是：「老師沒有看到你／妳舉手，我猜你／妳心裡一定不好受，是嗎？」諮商師也可以從學生的家中排行去猜測他／她可能的個性與感受，慢慢探索學生在家中的位置與努力，可以更了解學生的情況，建立治療關係。

人本中心諮商

人本中心諮商是繼精神分析與行為主義學派之後的心理學「第三勢力」，其主要就是反對精神分析與行為主義兩個理論對於人性與治療的觀感。馬斯洛的「基本需求層次論」，讓我們看到個體的需求是從最下階朝向最高階發展（基本生存→安全→愛與隸屬→自尊→自我實現），而有些人（如受家暴者）也會犧牲掉自己低階的需求（如安全）去追求高階的需求（如愛與隸屬）。人本主義諮商最重要的就是將諮商重點從治療師轉移到當事人（也就是求助的個人）本身，因此平等、信任的關係是治療的基礎，而諮商師不是一個專家、治療也不是單向的管道，治療師營造一個讓當事人值得信任的環境與氛圍，會進入當事人的心理世界，然後以接納、不批判的態度去了解當事人的感受、想法與行為，相信當事人有解決問題的能力，只是暫時「卡住」了，引導當事人慢慢找出解決之道，甚至邁向更有自信、功能更佳的方向。最重要的是諮商師以自己爲治療工具，表現出無條件接納、積極關注與一致性，完整地、全心全意地在諮商現場，自然會讓當事人願意傾吐心事。

在學校教育與諮商過程中，可能會用到人本中心的幾個觀念與技巧，茲分別敘述如下：

一、關係最重要

諮商最重要的就是與當事人之間的關係，一旦信任的治療關係成立，學生才願意與諮商師分享自己的內心世界，而關係的建立主要在於諮商師本身。倘若諮商師讓學生感受到尊重、接納，學生自然容易敞開心胸、信任諮商師，而進一步的處置行爲才會被接納。諮商師要展現的就是「在」、願意「傾聽」、「無條件積極關注」、「眞誠一致」、與「相信當事人的潛能」。

二、諮商師的「在」（presence）

諮商師在治療過程中，是以學生爲關切目標，不會因爲其他瑣事而失去專注或分心。諮商師與當事人同在，讓當事人不孤單，而諮商師的「在」不是身體的出現而已，還有「心」的出席。

三、傾聽

諮商師完全將自己放下、把舞臺交給當事人，眞正「聽」到學生的心情以及立場，同時不做批判，也正確反映、傳達給當事人知道。我們一般人在聽時，總是有太多阻礙，也許是自己的想法、擔心的事物、在想怎麼接話、或是不想接納其他的意見，因此無法眞正聆聽，而諮商師第一個重要的訓練功夫就是「傾聽」，可以聽見當事人的想法與感受，包括表面的與潛藏的。也從「傾聽」中，學生感受到自己被了解，然後才願意「開放」。

四、無條件積極關注

人本的「無條件積極關注」就是眞正關切對方福祉，而不帶任何條件。一般人的愛容易有期待，所以讓接收愛的一方感受到壓力，但是當學生面對諮商師時，卻不會有這樣的期待壓力，學生只要做自己就可以，因爲諮商師會完全接納、對他／她的關切也是眞誠無僞的，這裡所傳達的訊息就是讓當事人「如其所是」。

五、一致性或眞誠

諮商師呈現出來的自己是前後一致、言行如一、裡外一致的，當事人不必去猜測諮商師喜不喜歡自己、或是此刻諮商師是不是說謊？諮商師像一面鏡子，眞實反應自我，同時當事人也不需要將在外面世界的虛僞人情帶進治療室，可以與治療師眞誠、眞實地相對的同時，感受到自己身爲一個獨立個體的尊嚴與重要性。

六、相信當事人的潛能、人是往成長的方向

諮商師基本上不將當事人視爲「病人」，而是在生活適應上遭遇瓶頸或受挫的人，一時之間被卡住、找不到資源，因此諮商師的任務就是協助當事人找出自己原本就存在的潛能與資源，重新運用出來。諮商師相信人是往成長、發展的方向前進，這一個理念是非常適合國小學生的，諮商師相信每一個人都想往善、往上的方向，也希望可以發揮自己的才能爲他人貢獻、生命的意義也由此獲得實現，而人也要克服「理想我」與「現實我」之間的差距，慢慢長出自己要的樣子。每一個孩子都希望自己的「能」被看見、「努力」被肯定，因此諮商師的功能就在於重新協助當事人去發現自己的「能」與「資源」，學生就可以自行引導朝正向、成長的目標前進，因此諮商師不會使用不成熟的「標籤」來限制或汙名化學生。

讀者諸君應該會發現：人本中心所提出的治療觀點與條件，其實都與

諮商師的「態度」與「信念」有關，因此對諮商師的要求就很多，人本中心理論與臨床學者認爲「治療師」本身是治療成敗最重要關鍵，而治療師本身就是一個「工具」，不需要其他技術層面的東西，而當治療師可以以眞誠無僞的自我呈現、與學生做眞誠坦白的交流與互動，這樣的影響力就是非常人性而有力的。

行為主義治療

行爲主義主要是針對「可觀察」、「可測量」的行爲來做研究，認爲人的心理狀況會表現在「行爲」上，因此以許多的特殊觀點來解釋人的行爲。像是人的行爲受到「制約」，只要一旦建立就很難消除（像是「一朝被蛇咬、十年怕草繩」，或是只要見到特徵與霸凌者相同的人就會逃避，起厭惡之心）；或者人是藉由觀察來學習的（所謂的「殺雞儆猴」就是一例），因此「示範」很重要。

許多教師在上「班級管理」課程時，最先接觸的應該就是「行爲主義治療」。「行爲主義治療」不相信人內在心理的運作，而是將焦點放在「可觀察」、「可測量」的「外在行爲」上，這樣的理論固然有其重要性，但是也忽略了許多人性的考量，因此後來有許多理論會針對其立論作批判。行爲主義最大的偏誤在於只相信「外在」所呈現的，刻意忽略人內在的動力因素（看不見的「黑箱子」），像是一些娛樂媒體會以「看圖說話」作爲採訪新聞的方式，刊出一些照片，然後按照照片所顯示的來做解釋，卻不去訪問當事人而進一步了解事情的梗概；拿小學生的例子來說，可能他打了人，但是事實上他是想要幫忙、卻沒有幫到忙，如果只拿看得見的行爲「打人」爲證據，卻忽略了他當時內心的想法（內在動力），就可能冤枉了他。此外，行爲主義基本上是以動物實驗做基礎，然後希望可以類化到一般人類身上，這樣的作法當然引起許多反彈聲浪，包括「實驗室」結果不自然、應用到人類複雜的行爲不適當。

行爲主義的許多技巧因爲是「立竿見影」，很容易取得教師或諮商師的信賴，然而許多的措施或作爲，若沒有最基本的善意與良心做基礎，可能就會壞事！舉例來說，「處罰」固然可以立即遏止傷害行爲，但是也可能因爲事前沒有先教育、指引或示範正確的處理方式，因此會引發當事人不滿或是憤恨不解的情緒，而「處罰」之前沒有做說明，也會有善意被誤解的情況發生，甚至有時候處罰沒有邏輯（只是爲處罰而處罰），沒有讓當事人看到「可相信的理由」，這樣的處罰也無效！另外，處罰也容易破壞彼此的關係，施行處罰的人若與受處罰者無相當的關係，處罰效果也會折損。又譬如使用「正增強」的方式鼓勵學生好的行爲，倘若使用的「增強物」不是學生喜愛的，其效果就不彰，而常常使用物質性的增強物，也無形中培養學生不知珍惜，甚至「唯利是圖」的功利心態，這就不是我們所想要的「潛在教育」了！教師常用的「代幣制度」，如果不知變通、沒有創意，也可能造成學生的「競爭」心態，忘了「合作」的人際價值！在這裡並不是不重視行爲主義的貢獻，而是在教室裡與治療場域裡使用時，要特別留意其限制與可能的誤用。

但是爲什麼我們的教師與家長卻常常使用行爲主義的方式來教導或是管教孩子呢？基本上是不是認爲孩子沒有思考與主動行爲的能力？還是師長的「權威」使然？當然我們不是否定行爲主義的優勢，目前行爲主義也與認知理論結合，其理論就較不偏狹、也更爲廣闊，而其他理論也融入了行爲主義的一些觀念與作法，來促成當事人更佳且長久的改變。

一、增強

行爲主義的鼓勵就是所謂的「正增強」，增強方式有原始增強（通常是食物）、次級增強（可以替換原始增強的物品如獎狀、星星等代幣）、「社會性增強」（像是讚美、拍肩、微笑）與自我增強（自己因爲做這些行爲而自我感覺良好）四種；一般我們會希望建立學生好的行爲的順序是：原始增強→社會增強→自我增強。舉例來說，鼓勵學生讀書，先是以獎勵的物品吸引他／她去看書（原始增強），然後可以用代幣方式，讓學生累積代幣換取自己想要的東西或是特權（次級增強），或是學生讀書可以得到獎狀（次級增強），或得到老師讚美、同學的欽佩（社會性增強），最後學生自己可以因爲讀書而從中得到樂趣與酬賞（自我增強）。學生的能力需要給予適當成功與失敗經驗，才可能養成。此外，還有一種是「負增強」，就是把不喜歡的東西拿掉，也可以達到增強、鼓勵的效果，像是提醒孩子把髒衣服放到洗衣籃內，爸媽就不會再囉嗦。

好行爲或新行爲的建立之初，需要善用增強（例如增強頻率要高，且立刻給予增強物），但是不良的行爲要消除，需要更大的耐心、不可一蹴可幾，除了將可能的增強物移除之外，也要慢慢增強其新的、可欲行爲。處罰通常是阻止危險性行爲的「權宜」之法，不可長期使用，若要長期使用也得搭配適當的酬賞或正增強，在訂立行爲規約時，要注意正增強與處罰的比率（差不多較佳），而且不要一意孤行，最好與孩童一起商量讓他們也參與協定，這樣遵守的情況會最好。有關如何設立處罰規約，可以參考阿德勒的「自然與邏輯結果」。

二、示範

我們許多的學習都是觀察而來，看到其他人的行爲、不需親身經歷，就可以學習到。因此如果將一個「相似度很接近」的人作爲學習的典範，學生可以學得更多、也更確實，像是團體中有同齡的學生，團員的學習就可以更快速；偶而也可以將學生崇拜或欣賞的偶像作爲其效法的典範，效果一樣好！這就是我們說公眾人物的影響力很大，必須要做示範的楷模。此外，若要學習一些新的技能或動作，也需要「示範」，最好在做動作的同時，也一併作說明，並且讓學生多練習幾次，甚至用角色扮演的方式進行。諮商過程中，可以讓學生學會「放鬆運動」或是「肯定訓練」，有助於其因應生活中的許多挑戰與壓力。行爲主義讓我們體會到「做比說更大聲」的道理！再則，學齡期孩子很容易從他人的行爲或是經驗中學習，因此適當媒介（如繪本、電影）的使用，也可以拓展他們的學習與運用。

三、行爲改變技術

若要讓「不可欲」（不想要）行爲改變成「可欲」（想要）行爲，不是要求或說明就可以，也不是短時間內就可以達成的目標，因此需要有完整的計畫，計畫裡面也會依據不同當事人的需求、可增強方式與進行行爲一步步規劃妥當，同時也隨時定期做評估與修正。像是要孩子減少說髒話的習慣，首先要與孩子訂立類似的契約關係，設好增強（包括誘因與增強物）與懲罰的方式，先教會他／她哪些是正確的說話方式，經過示範、演練，讓孩子獲得正確的用語，然後以「基準點」來看同學每週說髒話的平均數，每一週目標就以前一週的平均數爲挑戰（次數少於前一週就算成功）；接著就依據契約中所定的目標去執行，確實履行契約內容，並藉由定時的評估與討論，修正一些相關增強與進行方式，通常需要經過兩、三個月，才會慢慢看到成效。當然不能只靠諮商師與當事人而已，還需要將周遭的一些資源（如家長、老師或是親近的人等）也納入，進一步讓學生可以做「自我監控」或「自我管理」，這樣才可以收到最佳效果！

四、改變環境

行爲主義也注意到環境對個體的影響，倘若許多該做的措施都做了，但是學童的情況依然沒有改善，最好的方式就是改變其環境，甚至將他／她自此環境中移開。像處理家庭內性侵案，倘若加害者爲父親、受害者爲學童，法院裁定之前，加害者依然住在家中，學童可能有再度受害之可能性，於是將學童移往他處、受到妥當的照顧是最優先考量的措施。在許多的情況下，要將學童與家人或照顧者隔離是最讓人心痛的，因爲孩子不能選擇自己的父母親或家人，即便家長就是加害者，孩子還是會選擇與家人一起（所謂的「歸屬感」），但是孩童是弱勢、容易再度受傷害，因此逼不得已時也需要採取這個動作。

認知行為治療

認知行爲治療是我們一般在未受正式諮商訓練之前就會使用的方式，因此其應用非常普遍而廣泛，像是我們通常在進行諮商時，會用說故事或是舉例的方式爲學生做解說，就是一種認知策略的使用，一般孩子也都容易理解，而狹隘的「認知行爲治療」通常是指「理情行爲治療」與「認知治療」，這兩個學派都主張人的信念（或「認知」）影響其行爲與感受。舉例來說「小孩子怕見牙醫師」，是因爲牙醫師「可怕」？還是以前去就醫的經驗影響？或是在牙醫診所「聽到」其他小朋友哭而擔心害怕？但是，是不是所有的小朋友都怕去見牙醫？可不一定，有些孩子還是喜歡去見牙醫，因爲見過醫師之後，牙疼就消失了、可以吃好吃的東西。小朋友之所以「見牙醫師」至少會有兩種不同的反應（害怕與喜歡），不是因爲「見牙醫師」（行爲）所引起，而是中間的「想法」（認爲牙醫師很可怕、會讓小朋友哭或是可以讓牙疼消失）而造成的。

我們受到許多信念的影響，尤其是原生家庭中父母親的價值觀與影響力，如果沒有其他的資訊可供比較，許多孩子都會相信父母親是唯一的眞理，等到自己長大後，接觸到更多的資訊，才有可能做比較與改變。有些父母親本身也有許多認知（或想法、觀念）上的謬誤，卻沒有覺察或不知反省，反而會強迫孩子「視非爲是」，扭曲了許多孩子的價值觀。像是父母親要求孩子「考一百分」，背後的信念可能是「我要你／妳十全十美」或「你／妳不能犯錯」，孩子若未達標準，焦慮就急遽上升，甚至會爲了討好家長，做出說謊或篡改的錯誤動作，萬一家長還無意中嘉許這樣錯誤的行爲，是不是誤導孩子入歧途？孩子年紀很小時，不太了解家長一些價值觀或是想法的對錯，而這些觀念或想法卻深深影響其接下來的感受與行動，長久以往，要改變這些錯誤的信念可能就較難，因此「認知行爲治療」是從「認知」與「行爲」雙管齊下的方式來進行治療，也就是認知行爲治療融合了「認知」與「行爲」兩大因素來解釋人類的行爲，其範疇較之純粹的行爲理論更廣泛。

認知行爲的主要觀點在於：人是因爲自己的想法干擾，因而產生情緒與行爲上的問題。一件事情發生，可能引起不同人的不同反應，例如走路跌倒，有人會認爲是自己不小心、有人認爲自己倒楣、有人認爲是道路不平所影響。因此認爲自己不小心的人可能情緒是驚訝，然後起身、拍拍衣服了事；認爲自己倒楣的人會覺得自己今天一定不好過、感覺沮喪而難過；認爲是路不平的人，可能就很生氣，因此訴諸相關單位要求賠償或改善。認知行爲治療師會將焦點放在當事人的思考上，協助當事人檢視自己的一些信念或是想法是否合理？若是個體受到想法的干擾太深，甚至根深蒂固，就需要進一步與當事人發展轉圜、可變通的想法，或是以行動來破除非理性的信念。認知行爲諮商師本身就展現了理性與說服力，也會協助當事人運用較恰當的「形容詞」來描繪自己的感受與想法，像是以「想要」來替代「必須」或「一定」。

認知行爲治療在治療過程中也會運用許多行爲主義的方式，來協助當事人克服一些不合理的想法，通常是在諮商現場做角色扮演、技術演練，而在兩次諮商晤談中間讓當事人可以以行動來完成一些事項（所謂的「家庭作業」），其目的是用來讓之前的不合理信念鬆動或是改變。當然治療過程中諮商師也會運用說明、解釋、說理、舉例或舉證、閱讀等的方式，最後目標是讓當事人也可以成爲自己的治療師，將自己的生活哲學做修改。

認知行爲治療常使用的觀點與技術如下：

一、ABC理論

解釋給當事人知道A（引發事件）、B（信念）、C（情緒或行爲結果）三者之間的關係，最重要的是B。如同上例，A就是「跌倒」，B就是三者不同的想法（不小心、倒楣、或路不平），C就是三個人不同的感受與反應（驚訝、難過、生氣），諮商師會讓當事人熟悉這個ABC理論，然後強調B的重要性與影響力，因爲一個人對於事情的看法「決定」

了他／她的感受與後續行爲，也可以說一個人對於事情的既定看法或解釋是主要影響其情緒困擾或行爲的因素。像是我若對某人有成見，只要是那個人所做的，我都覺得其居心不良，即便她做的是好事，我也會猜忌其動機。小朋友常常會認爲自己的主觀看法就是「事實」，因此如果他認爲老師不喜歡他，就會相信這是眞的，他也會在生活中「找證據」證明自己的想法是對的，所以要打破他的這個「迷思」，就需要相當的努力。諮商師最重要的是教會學生如何使用這樣的技巧來檢視自己可能的錯誤思考，也運用適當的辯白與找證據方式來破除這些影響生活功能的迷思。

二、行動可以打破成見

認知行爲學派雖著重「認知」與「想法」對於感受及行動的影響力，其所採用的策略有認知、行爲與感受三大項，而最常使用的就是「行動」。我們常常在做一件事情之前就有太多的考量（B），結果造成還沒有開始就認定會「失敗」，因此認知行爲治療師就會以「行動」（通常是以「家庭作業」方式）來打破這些迷思，只要「開始」就不會覺得太難！

三、用證據來破除迷思

認知行爲諮商師也會以說理、舉例，以及舉出證據的方式來破除當事人的「偏誤」或「成見」，如果學生認爲「沒有人喜歡我」，諮商師或許就找了幾個學生的朋友來「證明」當事人的結論太過於「武斷」；倘若學生有不錯的推理認知，諮商師舉例、或是找機會讓當事人可以清楚思考，其實答案就會出現。

四、讓當事人學會去檢視自己的想法或念頭

認知行爲學派治療師希望當事人可以成爲自己的諮商師，因此其所教授的技巧與知識，都與日常生活做緊密結合，主要就是想達到這樣的目標。學生可以理解ABC理論之後，就可以自己隨時運用，但是切記不要讓學生變成批判成性、或是吹毛求疵的討厭鬼。

五、重新架構

提供另一個觀點給當事人也是諮商師的任務之一，通常學生還受到認知能力的影響，在受困或挫折時的思考更容易受限（所謂的「隧道視覺」），因此諮商師可以依據其豐富的生命經驗，引導當事人看到另外的可能性（當然不只一種）。像是學生認爲自己不被喜愛，因爲沒有人願意跟她玩，諮商師也許會說：「我們剛剛到一個新學校的時候，也常常會發生這樣的事，因爲其他人互相認識很久了，我們才剛來、像是陌生人，妳記不記得妳到一個新的地方時的樣子？是不是覺得很新鮮、很好奇，但是也很陌生，要過一段時間才會慢慢熟悉對不對？所以我們一起來努力，時間一久自然會有人認識我們、喜歡我們、想要跟我們玩。」如果有學生說自己很笨、功課不好，諮商師可以詢問他喜歡的科目、喜歡的老師，看到他的優勢與長處，也清楚告訴他讓他知道。

諮商師與學童進行諮商時，還可以善用這些理念與技巧，採用認知學派的舉證與說明，協助孩子因應感受、想法與行爲，然後檢視哪些觀念或想法困擾其最深、是否有偏誤（如孩子說「我都沒有朋友」）？然後以練習、行動作業或嘗試新方法，讓孩子可以有更好、有意義的人際關係。學齡期孩子也因爲認知發展受限之故，會有一些困擾思考產生（如父母親可以決定我的價值，所以我必須順從他們）。以上例的「我必須順從爸爸媽媽」來說，孩子可能因爲「都」順從，卻相對地偶而違反自己的意志與判斷，讓他很爲難。例如：

諮商師：「你說應該要聽爸媽的話，這句話在很多時候都是對的，但是有時候不是這樣。你自己有沒有發現有時候爸媽講的，自己也沒有做到？」

孩子點點頭。

諮商師：「那時候你心裡想什麼？」

孩子：「爸媽有時候也做不到。」

諮商師：「我們年紀很小的時候，認爲大人講的話都是對的，現在你已經三年級了，有自己的想法，還有判斷力，所以有時候也會注意到大人也有不對的地方，是不是？」

孩子點頭。

諮商師：「拿最近發生的事情來說，你有沒有看到有一些不開心的事，可能跟爸媽有關的？」

孩子：「他們叫我都要讓弟弟。」

諮商師：「聽起來有點不開心，覺得不公平是不是？」

孩子：「是。」

諮商師：「那你怎麼辦？」

孩子：「有時候我讓弟弟，有時候沒有。」

諮商師：「想要讓的時候就讓弟弟，這樣做你會開心一點？」

孩子：「對。」

諮商師：「所以你平常對弟弟也願意退讓，只是有時候不這麼做也可以。」

孩子看看諮商師。

諮商師：「那麼你告訴我，有時候弟弟做錯事，你會怎樣？」

孩子：「告訴他不可以。」

諮商師：「所以有時候教他什麼是對、什麼是錯更重要，是不是這樣？」

孩子點頭：「做錯事會被打。」

諮商師：「所以你是一個好哥哥、很愛護弟弟，會教他對的事，而不是每一件事都讓他去做。」

孩子笑了。

諮商師：「我知道爸媽是要你多愛護弟弟，你也想做一個很棒的哥哥，但是有時候也要弟弟讓一下，這樣才公平，偶而是爲了不讓弟弟做錯事，但是這都是因爲你愛弟弟，對不對？你這一次回去，也可以告訴爸爸媽媽你爲什麼有時候不讓弟弟的原因，看看爸爸媽媽怎麼說好不好？」

在許多狀況下，可以跟孩童一起商議一些可能運用的解決方式，不要總是以諮商師來主導，因爲是孩子想出來的，諮商師協助做一些修正，讓其成功率或可行性更高，這樣孩子去執行時也有較大動機與動力。我在協助孩童做一些改變行動時，喜歡請他們做一些觀察或行動的小動作，而且很容易做、成功率也高，這樣孩子不僅可以身體力行，也因爲有較大成功經驗，比較願意持續做改變。認知行爲諮商師會與孩子商量一些「漸進式」（就是慢慢增加難度的）作業，主要就是不希望打擊孩子的信心，讓他們從「做中學」。認知行爲治療幾乎採用了所有可以運用的諮商方式，不限於閱讀、家庭作業、行動方案等，對於小學生族群不需要強烈的辯白或爭論，緩和的舉證與舉例，甚至帶著學生做觀察、行動都可以。

現實治療

現實治療也是屬於「認知行爲治療」的一種。現實治療學者提到人有五種基本需求（生存與孕育下一代、隸屬與愛、獲得權力、自由、樂趣），而這些需求中，「關係」（隸屬與愛）最重要；人的需求要檢視「現實」條件的符合度才容易獲得滿足，要不然就可能採用了無效的方式去獲得滿足，這樣就可能傷害了自己或他人。人的行爲主要是受到四種因素（行動、感受、想法與生理）的影響，而這四者是不可分割的；而人的行爲是經過選擇的（像是個人選擇「憂鬱」症狀），也因此必須要負起責任；人唯一可以改變的是自己的行爲（而不是他人），而在教育領域裡，還需要強調「對與錯」、是非之分辨。諮商目標在於協助當事人選擇有效的行爲、滿足其需求，倘若當事人不願意改變或採取行動，就可能造成對自我失敗的認同，也容易有失控的行爲產生。

現實治療學派也注重語言（比如我們的「需要」與「想要」是有區別的，前者與生存有關，後者與慾望有關），認爲語言就是一種「行爲」，我們自己的想法與內在訊息是經由「語言」這個行動表現出來，因爲行爲是個人的選擇，語言自然也不例外！從這裡也可以了解現實治療學派認爲行爲是個人可以掌控的，因此是屬於「內控」的力量。諮商師會協助當事人以明確的語言描述自己的情況（如以「主動」替代「被動」語態），讓當事人挑起責任、執行改變行動。現實學派的諮商師不會放棄當事人，而是陪伴在當事人身邊、與他／她走完問題解決的全程，這一點很符合教育目標，就是因材施教、認可每一個個體都是可以教育的。

學齡期孩子有時候會有一些不切實際的幻想（如當星光大道的明星），諮商師不會瞧不起當事人的夢想，而是會努力協助其朝向夢想踏實前進，採用的是築夢踏實的計畫，協助學生以有效的方式來達成目標，而不是具破壞力的無效途徑。諮商師協助學童先去檢視自己想要的是什麼？探索目前的行爲是否朝此目標前進？評估目前所做的是否可以協助其目標之達成？然後與學童一起擬定具體執行計畫，並固定做評估。

焦點解決

焦點解決短期諮商是近年來崛起的一個學派，很適合學校諮商，其重視當事人的資源與社會脈絡，與「敘事治療」同屬於「後現代諮商」。

一、以「優勢」爲基礎，並善用資源

焦點解決短期諮商是以「優勢」爲基礎的諮商，治療師會看到當事人的能力與優點，而不是問題或劣勢，視當事人爲自己問題的專家、有能力與資源解決問題，治療師只要努力去協助他／她重新發現自己的能力與資源就可以了。此外，諮商師也會協助當事人去發掘與善用自己的支持系統與資源，包括當事人的家長、信任的師長、要好的同學、或是社區裡願意協助的人物與可用有形的資源；例如，若是一位學生因爲由單親祖母養育，放學回家後沒有人協助督導功課，導致課業成績落後，諮商師可以與導師合作，在學校安排幾位同儕協助其對課業的了解、社區媽媽協助監督其課業或是功課，也留意其在學校的生活是否有幾位知心好友、物質上的供應有沒有較妥善的安排等。許多被轉介來的學生都不是老師喜愛的學

生，因此要取得老師的協助與支持更需要花費心思，但是唯有讓老師成爲學童的「支持系統」之一環，才可以讓學童的生活更適意、自在、有動力。此外，了解學童崇拜的偶像或喜歡的人物，協助其有正向的行爲表現也很重要，像是：「妳喜歡蔡依林的哪些地方？」（可以了解學童想要效仿的特質與優勢，甚至請學童將她與偶像的相似點作比較）、「如果妳的偶像蔡依林在這裡，看到妳的表現，妳希望她會對妳說些什麼？」諮商師也以「關係問句」來協助當人「擬定」想要的目標，如：「如果你不再打人了，老師或是爸爸會怎麼說？」

二、以「解決」爲焦點的對話

諮商師進行治療時不是以「問題」爲導向的對話，而是以「解決」爲焦點的對話，不會去談論「問題」是怎麼產生、或是可能原因的探討，而是聚焦在「當事人受到問題的影響如何？」、「如果問題不存在了，當事人的生活會有哪些改變？」諮商師維持好奇、尊重的態度，而不是以爲自己懂、「專家」的姿態，也協助當事人肯定自己的努力與因應方式，像是：「你是怎麼沒讓事情變得更糟的？」

三、小改變促成大改變

焦點解決諮商師也相信「小改變會促成大改變」，不需要急著做太大的改善動作，而是從最小的改變開始，就可以引起漣漪效應，造成更大的改變，而諮商師以及學生周遭的重要他人也都要意識到學生的改變已經發生，持續提供其最好的支持與鼓勵。像是諮商師可以與導師合作，請導師注意到學童上課偶而「專注」的時候，並予以微笑、點頭等正向認可的動作，學生一旦發現自己的努力專注已經得到好的注意、感受很不錯，於是願意持續專注時間。

四、鼓勵與重新描述

鼓勵與讚美是焦點解決諮商師最擅長的，但是這些鼓勵與讚美都不是虛空、濫擲的，而是有憑有據。諮商師最常做的就是在諮商室裡面、或是與學生晤談時的一切觀察，留意學生任何「可欲」（或是良好）的行為表現，然後在該次面談結束之前說出來，讓學生知道。像是諮商師觀察到學生進諮商室時先跟諮商師打招呼，後來又適度回答諮商師的問題，臉上也帶著笑容，諮商師在面談結束時可以告訴當事人：「我今天跟你談話很高興，你一進來就向我問好，眞是很有禮貌；然後也回答我的一些問題，讓我可以更了解你，而你說話的時候都不忘帶著笑容，讓我也覺得很輕鬆。」即便學生是轉介來的，可能已經有許多「壞名聲」，但是諮商師的能耐就在於「發現」學生的優勢！「重新描述」是對事情有不同的解讀與看法，像是「不吃青菜」的孩子是「會堅持自己選擇」的孩子、「與他人有衝突」的孩子是「願意表示自己不同意見」的孩子等，當然對於非法或是傷害行為的「責任」不能夠因此而「卸責」！焦點解決諮商師重視語言的力量與使用，也發明了許多有力量、有效果的問法，包括「重新架構（描述）」技巧，但是焦點解決諮商的精神還是最重要的，而不要偏執於「語言」技巧的使用而已！有關焦點解決的問句技巧，各位諮商師可以閱讀相關的書籍，更能得其精髓。

五、有效的方法繼續使用，無效的就改用其他方式

諮商師也會運用「有效的持續使用、無效的就改用其他方式」的原則。許多學生都嘗試去解決問題，只是效果不如預期，然而儘管如此，有些人還是會堅持繼續使用無效的方式去解決問題。焦點解決諮商師則會打破這樣的惡性循環，停止使用無效的方式，鼓勵學生採用其他的方式來解決問題，倘若解決方式有效，當然就可以持續使用。

六、家庭作業

焦點解決諮商師會使用策略性的家庭作業來維持諮商效果，協助當事人更容易朝目標邁進，諮商師所給的作業都會與當事人達成協議，通常不是很大或是需要耗費許多心力的作業，有些只是讓當事人做「觀察」的動

作，也許從觀察中可以發現不同的意義或是新的學習，偶而也會請當事人嘗試做一些很小的改變，通常是與以往慣性不同的行為（像是回家會先看電視，也許改一下先寫作業），讓當事人試著去做「不一樣」的事，體驗其效果或是經驗，這些都可能讓當事人願意去試新的行為、延續與遷移在治療現場所習得的技巧或行為。

敘事治療

敘事治療最重要的是注意到社會脈絡與非主流故事，其最主要的精神就是看到當事人的「改變可能性」，而不是將問題視為個人的缺陷或失能。社會脈絡是個體與周遭環境及其他資源的關係，個體因為生活在社會中，受到大環境與文化（主流）的約束及影響，使得個人的許多行為與思考必須要吻合社會的期待與標準，相對地也失去了個別性與意義，因此敘事治療師協助當事人將個人的優勢（包含個人的獨特故事）重新提煉、運用出來，讓它們展現重要意義，也使當事人可以更有力量去過與目前不同的生活。此外敘事治療也注重語言運用的力量，因為「意義」就是在人的互動中形成，而人們也經由互動與溝通形塑意義，所以敘事治療師注重語言的力量與使用，儘量協助當事人以不同的角度發掘意義，而不是耽溺於負面或問題的思考而已。以下介紹幾項敘事治療使用的技巧，但是要提醒讀者諸君，技巧的運用是其次，主要是能夠抓住理論的精髓與精神才是最重要！

一、外化問題的運用

運用在學校教育與諮商場域，教師與治療師會將問題「外化」，也就是把「問題」與「個體」分開，這樣不僅可以讓當事人以更客觀的角度看自己的行為、行為對自己與他人的影響，也可以不將當事人「病態化」或「標籤化」，視為「問題人物」。我們通常會將個人的行為「視為」此人的特質或是缺陷，這樣的標籤方式讓出現困境的人很難去求助，也很難脫身，因為他／她也將自己當作是「有問題」的；像是孩子與人玩耍時不小心讓對方受傷，打人的第一時間也會意識到自己的錯誤，倘若教師因此而將他視為「會打人的小孩」來做處理，這個孩子就很難逃脫這個負面標籤，甚至只要下一次又不小心傷到遊戲的對方，他可能連最初的「愧疚感」都沒有，而會自己標籤為「我就是這樣、我就是會打人」，長此以往，這個孩子就不容易改變原本不小心造成的「錯誤」行為。

二、敘說故事「轉化」生命

我們每個人都是從「故事」中看見自己的生活意義、自己是怎樣的一個人、與他人的關係又如何？諮商師也是主流社會的一員，自然容易以主流社會與文化的價值觀與標準來看人或事件，陷溺在一般人（或多數人）的觀點（也就是單一身分或故事）裡，但是敘述治療師卻要反其道而行，要能夠去了解與協助當事人發展（非主流）的故事，而從中去擷取其看法、立場與優勢，這樣的發展不是為當事人找藉口或是脫罪，而是摒棄「專家」位階，去「看見」當事人的多元身分與故事，讓當事人從新發展的、更豐富札實的故事中去重新「定義」自己、決定自己要的，因此不只是解決了問題，也有一個自己喜歡、可預見的未來，願意持續做努力。

敘事治療師的專業表現在協助當事人發展不同的生命故事。像是一個常常打人的孩子，諮商師要怎麼協助其發展不一樣的故事呢？怎麼看見孩子除了「打人」之外的其他優勢與能力？深度而正確的同理是必要的，才可以正確了解當事人，並將其眞正的感受與想法表達出來。如：「你不想傷害別人，只是那時候很生氣、就出手了，你也想要有很多朋友，不喜歡別人把你當作會打人的人。」也許接下來，諮商師可以從學童那裡確定他眞正的想法是「有更多朋友」，就可以因為目標具體、慢慢蒐集與新身分一致的證據，讓學童新的「身分」更扎實而豐富地建立起來。

三、治療文件與其他資源的使用

敘事諮商師會善用學生周遭可以運用的資源（如家人、師長或朋友），讓他們「加入會員」，作爲學童新身分的「見證人」，也會使用諮商過程中的所有文件或資料（像是有關當事人的想法、發現或成就），用來作爲支持新故事或線索的證據。

家族治療

家庭是一個系統，每一成員都有其功能，每一環節也都息息相關，只要有一位成員出現徵狀，整個家庭都會有因應措施，以維持家庭運作的模式，然而也因爲家庭是一個系統，裡面的成員會認爲自己理應承擔一些責任，因此有時候會出現成員試圖解決家庭問題，卻導致錯誤的結果，甚至成員本身反而反映出家庭問題，這就是所謂的「代罪羔羊」，年齡越小的孩子受到家庭因素的影響更大。舉個例說，父母親不合、常常爭吵，國小二年級的兒子就開始出現行爲問題（如打架），父母親就將自己的關係問題轉移到協助兒子，而當兒子看到父母親同心協力的模樣，正是他所希望的家庭和樂圖像，所以他就可能以犧牲自己的方式來「成全」這個更高的目標！我們也發現年齡越小的孩子，越覺得自己能力不足，越容易成爲家庭問題的「代罪羔羊」，但是他們也有解決問題的能力，只是他們用來解決問題的方式常常是不管用或是無效的（如前例的打架），因此當我們看見孩子出現困擾或是問題行爲，大都可以推測是家庭出現問題。我曾經帶領過一個雙親離異孩童團體，八個小朋友對於父母親離異都認爲自己負有責任，有人說是因爲自己「不吃青菜」所以導致父母離異，有人說是因爲他欺負妹妹所以父母離異，有人甚至說是因爲她關門太大聲，所以雙親離婚，從這裡就可以知道即便是父母親的問題，孩子還是認爲自己有「責任」，因此會盡自己的力量來協助家庭恢復以前的模樣！家庭裡面的功能運作也是如此，只要其中一環出現問題、或是功能失常，其他成員就會受到影響，做出調適與因應的動作，像是家裡若是母親不在，其他成員就會分攤母親原本的功能（如家務的分配），讓家庭可以持續運轉下去。

家族系統觀有一個很不錯的觀念就是「小改變會促成大改變」（之前

的「焦點解決」也沿用此學派的這個觀點），因爲系統內的運作是環環相扣的，因此只要成員之一出現不一樣的行爲，整個系統也會因此而產生改變。有人會擔心若是個人經過治療已經有較大的自我強度，但是回到家庭系統中，隨著原來的模式，其治療成效可能會大打折扣、甚至被吞沒，但是也要相信：倘若家庭中有更多人接受治療，其回到家庭系統的影響力就更大，要造成改變的力量也更大！換句話說，環境中若改變一個小因子就可以促成大的改變，也是同樣的道理。

父母親與子女本來就有「倫理界限」，彼此之間可以有彈性，但不可踰越。界限太僵固，彼此關係就不親密；界限太鬆散（或太緊密），就沒有個人的獨立空間！「家庭內暴力」（包括肢體、性、心理等虐待）就是違反界限的結果！父母親的系統與子女間的系統是很明確的，這樣的界限可以維持個體的獨立性，以及彼此關係的親密。有些家庭會有「權力」議題，像是弱勢的母親會延攬「第三者」（如孩子、自己的母親）來維持與父親之間的權力平衡，一旦夫妻之間有爭執，就會拉另外的第三者進來以壯聲勢，這樣的情況也不是治療師所樂見。家庭治療也注重家庭溝通，讓大家可以有機會設身處地、站在彼此的立場去思考，可以爲共同的大目標而努力。

「家族治療」要家庭全員到齊的確有其難度，但是因爲只要其中若干成員做了改變，也可能引發大的改變，因此並非不可能！通常家長對於學齡期兒童的照顧最周到，有時候爲了孩子，許多父母也願意拉下身段或面子，積極配合學校與老師，這一點倒是值得稱許，諮商師也不要忽略了這個資源。儘管家族治療是以系統觀爲基礎，但是在與家庭做諮商時，不要特別強調這一點，以免家長誤以爲諮商師是在譴責與怪罪他們這些爲人父母的。當然對於「改變」，不管是個人或是家庭，也都習慣安於現狀、抗拒改變，因此除非讓個人或家庭體認到改變的好處，要不然促成改變都是較爲困難的，但是並非不可能！

另外，在考慮家族系統的理念時，也不能忽略整個大環境、生態觀的考量，因爲家庭只是一個微觀系統，其外環還有社區、社會、國家、世界、宇宙等的「巨觀」系統，因此我們會看到全球經濟、社會變動與世界環境對家庭的影響。譬如一家之主的失業，竟然會釀成舉家自殺的後果；又如一起美國的案例，一位女性在臉書上「斷絕」與一位臉書上「朋友」的關係，竟然遭受到全家三口被殺的慘劇！一個賓拉登，會造成全球人心惶惶的「反恐行動」、旅遊的安危與經濟的問題。因此在做家庭諮商時也不能忽略其他因素與力量的影響，像是如果讓家中主要維持生計者可以找到工作、糊口，也就不會因爲自己的挫敗、或是在家時間過多，而打孩子或施暴；社區犯罪率過高，若是協同警政與自己社區力量防治，或許居民受害或害怕的情況會減低、孩子們的學習狀況會改善。現在諮商師的職責不再僅限於學校範疇，而是擴及社區與社會，而且與不同領域的人一起做團隊合作。

藝術與遊戲治療

藝術治療與遊戲治療和其他理論一樣，都需要經過相當的訓練才可以成爲獨立治療師，只是一般的諮商師若能夠善用藝術與遊戲等媒材作爲治療的中介，也是必要的準備。藝術與遊戲是可以間接表達個體自我感受與狀態的方式，從中可以了解當事人的情況，也藉由藝術與遊戲讓學生可以慢慢舒緩情緒與傷痛，找到自己的復原力量。

藝術媒材是孩童用以表達自我很重要的媒介，因爲學齡兒童的語言與認知發展限制，通常無法正確表達自己的想法或感受，因此經由布偶、沙游、繪畫、顏色、肢體動作、指畫、剪貼或黏土作品等，都可以讓他們做較充分的發揮，甚至表現創意。像是兒童以布偶或沙游方式表現出自己生活中的經驗與感受，布（手）偶與沙游讓他們可以有控制、創造的感受，對於創傷療癒可以發揮不錯的功效。

遊戲的功能是協助孩童與成人將現實暫時擱置，允許孩童可以以假裝的方式來滿足生活中的需求。孩童經由遊戲來探索世界、與人互動，也了解自己。精神分析學家佛洛伊德就曾經說過人生任務之一是玩樂，而遊戲本身又具有娛樂、放鬆、創意、與豐富生活的功能。由於兒童最擅長的就是遊戲，因此可以讓學童自由選擇要玩的遊戲或物品，而遊戲治療提供孩童沒有威脅、安全、接納的場域來表達自己的情緒與感受，也因此可以被了解，進而協助其解決問題或做改變，諮商師不管採用何種理論的遊戲治療，主要就是要確保孩童與相關人的安全。一般的諮商師即便不以遊戲治療為取向，還是可以適當運用遊戲（以遊戲為基礎的活動）與孩童建立關係，因此在諮商室裡準備一些當時兒童流行的遊戲、或是可以參與的遊戲是不錯的，在與兒童遊戲或是觀賞兒童遊戲的過程中，可以讓兒童輕鬆自在表現自己、不受批判。有時候也可以邀請家長或照顧人與孩童一起玩遊戲，其功效一樣。

心理劇

小朋友有時候從實際的演練中會學習更多、獲得更多的體驗，這其實就是一種「預先練習」或是「角色扮演」，很適於讓學童學習新技巧時使用，加上演劇更接近現實生活，其學習遷移效果也更好；只是心理劇應用在兒童族群其實用性並不高，然而諮商師可以多利用「演劇」的經驗，讓學童從不同的角度去觀看事件，也從扮演中去同理與體會他人的心境與感受。將心理劇用在學齡兒童身上時，有時候不一定要請同學上臺演出，諮商師也可以安排一齣劇（演員可以是學校老師、職員或學生），將想要傳達的訊息置入劇中即可，像是學校要宣導許多的議題（如反霸凌、性騷擾、生命教育等），可以在朝會時的升旗臺上演出，戲劇表演之後來個「有獎徵答」，也可以達到許多預期效果。

當然，如果要讓學童來飾演不同角色，諮商師適時擔任導演一職，可以讓學生經由演劇經驗，體會在不同角色的心境，也更容易有同理心，尤其是將現實生活中所發生過的事再重演一次、或是安排不同的結果，也都可以是心理劇精神的延伸！一般的心理劇之後會有討論，這些討論的工作可以視學生的年齡層或是主題來做適當的調整，經由這些分享與討論，學生自然可以學習更多。對中、低年級以下的孩子來說，「演劇」的方式較之完形學派的「空椅」或「雙椅」法更具體可行。

閱讀或繪本治療

選擇一些繪本或是適當的故事書，可以讓學童自行閱讀，也可以與他／她一起閱讀、或是問一些延伸的問題，在許多教育場所上可以製作適當的PPT，讓更多學生一起看故事的發展、引發不同的討論，也有相當不錯的效果。閱讀治療也可以是認知行爲的一種技術。

選擇繪本通常是具故事性，又可以衍生出特殊意義或是道理的，其所描述的主人翁不一定是實際、具象的人物，但是學童幾乎都可以投射自己的情境與感受在故事中的人物身上，而對於很難將自己表達清楚的學童來說，他們的投射就是間接告訴了諮商師所需要了解的資訊。繪本或是讀本，對於中、低年級學童來說字數不宜太多，現在許多學童也不太喜歡看字數多的書籍，而繪本的閱讀群衆也可以拓展至成人。

我們了解「閱讀」的功效很大，不僅可以從中獲取知識、拓展眼界，也可以了解前人是怎麼面對一個特殊情境與困擾、有不同可以參考的解決方式，書也可以培養氣質、豐富生活，對於不擅於以語言互動或是傳達意見的人，也是一種不錯的表達方式。閱讀在諮商的運用上可以延伸其治療效果，讓當事人藉由自行閱讀、從中汲取力量與智慧，也可以按照當事人的步驟與步調，沒有壓力。理情行爲治療的創始人艾里斯則是以「閱讀」作爲家庭作業，可以讓當事人更了解理情行爲治療的精髓與應用方式，甚至讓當事人可以自行在家練習，增厚對於自己非理性信念的了解與駁斥方式。

第五章

校園常碰到的特殊議題

例行性的主題

一般國小校園常會遭遇的學生議題，包括「霸凌」、「性騷擾」與有關「權力」的問題。學校方面除了教育部規定的「例行性」（如性別教育、生命教育、友善校園）宣導之外，還需要進一步就該校特殊的問題作處理。有些學校地處偏僻，家長為生計在努力，與孩子相處的時間減少，可能無法兼顧孩子的行為與活動，校方在經濟與人力的許可之下，可能需要加上「課後輔導」協助學生的課業與能力培養，不僅讓家長可以放心孩子課業落後的問題，同時也解決了放學後孩子行為與活動的監控問題。然而，學校的功能不比家長，有些還是取代不來，加上有些弱勢家庭（如隔代教養、新住民家庭或單親家庭）增加，學校也需要負起親師連繫、親職教育或是親子共讀的責任，其目的就是協助家長／家庭成為學校教育的助力與支持，孩子在呵護與鼓勵的氣氛下成長，才可以在他日成為社會的中堅力量。以下就舉一些學校經常施行的主題做簡單討論：

一、性別教育

「性別教育」是最近幾年教育部著重的重點之一，不僅是因為性別霸凌或是犯罪率增加之故，最根本的是尊重「人權」。學校每一學期除了在週會、課堂上或是海報的宣導之外，可能會在每一年級做一到兩次的「班級輔導」。每年級著重的焦點不一，低年級可以聚焦在「認識自己與身體」，中年級則是轉向「人際關係」，高年級則是「青春期與自我」。

二、生命教育

生命教育含括的議題很廣，有時候也將性別、霸凌、友善校園概括進來。一般說來要看該校的師資與學生需求而定，此外也要顧及該校的環境與可用資源爲何。生命教育內容可以有尊重生命、尊親、自尊尊人、生涯規劃、創傷或相關心理疾病等不一而足。性別教育裡還可以包含「飲食失調」或是健康進食等主題，許多學生受到媒體與文化影響，將許多注意力放在自己的身材與體型上，甚至接收了「瘦即是美」的迷思，用強烈、不適當的飲食來控制體重，這是社會文化對於女性身材的過時與錯誤要求，使得許多青少女都有飲食失調的問題，嚴重時可能致命！「愛惜自己」、「保持健康」是生命教育裡的一環，不可輕忽！

三、情緒教育

「情緒教育」是我們文化（所謂的「高脈絡文化」，注重關係、不直接表示意見）與教育中最爲欠缺的。中國人重視族群和諧，一向內斂、保守，礙於倫理與權力位階，有時候不敢直接表達自己的眞實情緒，甚至需要刻意隱瞞，所以在教育這一環也缺乏系統的情緒教育。情緒是我們的一部分，有其特殊功能，有良好情緒管理的個體容易受到歡迎、人際關係良好，而且在工作上也較爲順利。情緒教育要從「認識情緒」開始，進一步可以了解與分辨情緒，同理他人可能有的情緒反應，然後知道管理情緒的技巧與方式。許多的犯罪行爲都是情緒控管的問題，一時的衝動卻造成了不可挽回的悲劇與結果，而「情緒管理」與「人際關係」有相當重要的連結，也是目前學校要重視的議題。

四、友善校園

其主要目的是讓學校成爲一個「正向」教育之場所，不僅人際間可以和樂相處、容納不同，也可以進一步執行愛校、珍惜環境與世界的計畫。霸凌、生命教育、人際關係、學生相關法令等也都可以納入。友善校園的眞正目的是要讓學習環境有人性、溫暖，每個人在其中都受到尊重、享受應有的權利，也就是結合了尊重多元、尊重人權與學習權的因素。學生在這樣的環境中成長、學習，才能夠更同理他人、了解自己，成為一位可信靠的世界公民。

五、親職演說與座談

親職演說與座談基本上爲的是建立學校與家庭之間的橋梁，也是讓親職增能、成爲學生與學校的有力資源，許多學校對此著力甚多。親職講座或座談，常常讓主辦單位認爲是「該來的沒來」，基於許多家長有經濟負擔或工作之故未能踴躍出席，學校都會祭出一些「誘因」，像是抽獎、自助午餐或晚餐、學生加分等方式鼓勵家長參與，有時候也需要提供安親與「喘息」服務，讓家長可以安心參與。親職座談最重要的是不要落入「專業」的理論或「專家」威權，而是能夠以直白、平易近人的口吻與案例輔助說明，或是讓家長可以練習新的技巧回去做適當應用，此外也要開放給家長提問，學校與家庭可以互動交流；學校方面也可以針對家長之提問與關切議題（如網路上癮、親子溝通、交友等），作爲往後舉辦相關教育或活動之參考。學校有相關的活動或是新措施，可以讓家長了解，進而參與，其功效更大！教育不是單獨靠學校就可以達到目的，學童有更多的時間待在家裡，親職的功能甚至比正統教育還更重要，因此取得家長的全力參與教育，才是社會、國家之福！

六、親子活動

光是單向的親職教育有時候還是不足，家長還需要了解自己的孩子，可以參與孩子一些共同的活動，孩子在被關照與同理的情況之下，可以有更好的學習與發展。許多家長都是首次做父母親，因此對於不同年齡孩子的發展也需要認識、做適當的親職調整，有些成人一旦站在不同位置或擔任不同角色，就忘了去同理孩子，因此讓親子共同參與活動，不只是讓親子關係更佳，可以合作的空間也更多。像是父母親會要求孩子去念書，如果可以讓親子共讀，孩子也有更大的動力去學習，家長也會更清楚自己可以提供怎樣的協助。

當然，以上所提的這些議題都不是以一次活動就可以達成目的，而是需要其他相關的配套措施，像是生命教育要結合不同科目或是活動，也讓學生在日常生活中執行。友善校園也不是宣導而已，整個學校的氛圍醞釀、師生合作，以及相關通報或求助管道的有效設置，也都有助於這個方案的執行與成果；親職教育不是只有演說而已，還可以在學校網路上公告相關資訊與網站連結，印製一些小冊子（內容爲孩子此階段之需求、教養方式建議、或是學校與社區活動）給家長，也可以與社區相關單位合作，進行更有組織與規模的長期計畫。此外，許多孩子是因爲資源不足、缺乏父母監控、不習慣教師的教學方式、不知道更多有效的資源蒐集或讀書策略、或是遭遇一些傷痛而造成心理上的障礙，無法有強烈的學習動機而導致課業落後，因此學校或家長方面，不要只求課業上的表現而已，而是需要去了解孩子、陪伴孩子，讓孩子有機會去發展自己的興趣與能力、有自律與自我增強的能力，這樣才是教育的永續經營。

學校場域會遭遇的特殊議題

學校還要依據社區或是學生族群的特殊需求做回應，而這些也是學校服務的範疇。有些學校因爲多數家長工作類別（如工業區、漁業、公教區）、社區資源等因素，家長或是學生的需求因而有不同，可以針對中輟生或是學生參與廟會活動等問題作適當的教育與輔導。有些都會區學校有學生上網咖、網路成癮、或是結黨幫派的問題，有些學校可能社區內有較多隔代教養或新住民家庭（並不是說「新住民家庭」就有問題），需要做一些特別的計畫與處理，這些也都可以與當地社區或是資源做結合，不需要單打獨鬥。以下就目前常常遭遇的特殊議題做簡單討論：

一、「權力」議題

許多學校或相關單位在處理學生問題時，常常忽略「權力」這一點，「權力」幾乎無所不在。在校園裡面就可能有「行政人員」與「一般教師」的權力問題，因爲行政人員擁有較多的資源與權力，有時候不免將一般教師視爲「下屬」或是「執行單位」在對待，當然會引起許多教師的不滿或是不願意積極合作。班級導師與科任老師也可能產生一些權力的議題，因爲班導師管理一個班級，與學生較熟悉，學生也視導師有較大的權力，因此若是班導與科任老師之間未能有良好互動，有時候也會犧牲學生以爲「鬥爭」工具，這其實都不是學生或學校之福！教師與學生之間當然也有極大的權力差異，教師若不善用其專業權力，可能危害的不只是學生而已！另外家長與教師之間有時候也有權力議題產生，在目前國小教師專業地位漸失的情況下，「恐龍家長」應運而生，有些家長不善盡親職之責，還責怪老師不會教育，甚至會投訴民意代表或教育當局，使得許多老師動輒得咎，而以「大事化小、小事化無」的心態來對待，這不僅讓教師沒有專業權力做教育工作，也讓許多老師唯唯諾諾沒有擔當，請問這樣是國家、社稷之福嗎？我們是民主國家，本應該在教育中讓下一代有更清楚與深刻的民主素養，倘若教育體系還是充斥著權力與階層，又如何培養具民主素養的未來公民？教師有其專業權威，倘若沒有受到基本尊重，也不太可能會闡揚其專業知能與熱心，教師與家長的「管教」功能固然重要，也不要刻意抹煞或傷害孩子的意見與自我。

雖然已經禁止學校教師體罰，然而許多公私立教師還是以「體罰」爲便捷之道，也許從家長角度來看，就是一種「權力」的施展或濫用，因此也會引發學校與家長之間的爭議，有時候諮商師也要與行政人員一起涉入處理與協調。諮商師也可以針對教師教室管理技巧，邀請相關專業人士來擔任講座，作爲教師知能研習之一環。

二、「性騷擾」議題

「性騷擾」與稍後要提的「霸凌」都是權力問題。現在倡導性別平等的時代，教育當然也不應該落後，許多學校有性別教育的例行活動與宣導之外，也特別注意學生在法律與自身安全的知能。「性騷擾」可以是師生之間、學生之間，以及學生與校外人士（含家長）之間的問題，性騷擾是一種重複發生的「關係霸凌」，發生在同性或異性之間，兩造之一方做出讓另一方不舒服，覺得受傷或有身體上傷害的舉動。國小學生是在法定保護年齡的範圍，因此任何的傷害都會被「放大」來檢視，這是基於愛護的原則；然而，有時候雖然是學生之間的好玩、打鬧，也可能釀成不可收拾的後果，因此學校教育單位責無旁貸，需要及早插手處理。適當的法治教育、尊重自我與性別教育，並與生活、法律做緊密結合，甚至邀請家長出席相關的演說或是議題，讓家長也可以協助教育目標的落實。

三、校園霸凌議題

霸凌是一種人際議題，卻也牽涉權力的因素，可見權力無所不在。所謂的霸凌是指刻意造成的傷害或侵害行爲，是重複出現的，以及兩造間有權力不均的情況。霸凌的形式有許多，肢體（如打、推擠、吐口水、限制行動、戲弄等）、語言（如罵髒話或對方不喜歡的綽號、散播不實謠言）、性（如針對性別外觀、性特徵或性傾向）、關係（如排擠某特定對象、或散布謠言孤立某人）、心理（讓對方感覺不安全，甚至生命受到威脅），以及財務（如勒索、財物被破壞），現在加上網路與手機的便利，不僅霸凌管道增多，霸凌已經有更多不同形式，當然受害者也更多。鄰近的韓國、日本因爲升學主義甚囂塵上、霸凌瀰漫，已經逼迫許多學生走上自殺絕路，連日本皇太子的女兒也不例外。

目前教育部以推廣「友善校園」計畫的方式，希望讓學子可以在更安全的場所學習，但是許多學校幾乎都是在做「文字」報告的表面工夫，沒有實際落實校園安全的預期結果，甚至只是「確保」校園內的安全，學生卻在校外打群架或滋事，這樣切割「外內科」的方式，只是讓情況更嚴重！防堵校園霸凌不能是單一計畫或是行動，而是需要從整個學校、社區開始做起，學生與師長都了解到其重要性、全體參與行動，並做適當的教育、補救與治療，接著與社區居民、警政社福單位合作，共同營造一個眞正安全、自在的社區環境。美國許多高犯罪區域也警覺到生態大環境的重要性，光是學校的教育與防堵根本無法生效，於是結合社區與警政力量，一同爲減低犯罪率、增加社區居民的安全感爲目標一起努力，已經有初步的成效。

四、情緒障礙

許多小學教師反應現在發現更多情緒障礙的學生，此外過動與自閉症患者也較往年增加了很多，到底是因爲學生的障礙增加了？還是我們的篩選機制更好了？有些學生在家裡是獨生子女，幾乎可以說是「我行我素」，一旦進入團體生活，不可能像以往那樣成爲注意的中心，可能就會爆發脾氣、不管他人眼光，同時也會成爲許多老師頭痛的對象。

有些孩子是有憂鬱等情況，但是其表現方式與一般的成人（情緒低落、失去興趣）不同，有些即便是搗蛋行爲增加，卻是向外求助的警訊，因此諮商師或學校輔導老師要注意評估、診斷的不同標準。不少過動學生其實是有其他合併的障礙的，像是違規反抗行爲、情緒問題或自閉症可能同時出現在一位學童身上，因此在協助其適應學校生活時，還需要結合身心科醫師開藥治療，情況較爲穩定之後，同時進行諮商協助的動作。孩子與家長都怕被貼標籤，因爲容易被汙名化、不被社會接受，因此教師在做診斷或是說明時，要謹愼用詞，將目標鎖定在「共同服務對象」的福祉上，這樣就可以朝向「雙贏」的方向前進。

五、社交或社會能力議題

個體除了要學會自主獨立的能力，還需要與人相處、合作，而學校是個體第一個正式教育機構，也是與更多同儕相處的場所，學齡期孩子開始與他人建立有意義的「友誼」，因此若是在人際互動或是社交場域中是不受歡迎或是被孤立的，對其往後的生活與身心健康會產生許多負面影響。學生不受歡迎（如施暴、身體或生活習慣髒亂、長相怪異或特殊、甚至是家庭環境不同）、或是孤立（像是害羞、被排擠、太自我中心），也都是一般老師會注意到的情況，不妨運用一些簡單的「社會計量」方式，偶而調查一下班上學生互動的狀況，及時採取適當行動做修正與彌補。對於班上有些社交退卻或羞澀的學童，可以讓他／她先與班上人氣強、又與人爲善的學生坐在一起，這樣當事人不僅可以觀察、學習他人的互動技巧，也可以有一些基本的人際關係，然後慢慢拓展其互動圈，而班級和諧與合作氣氛的營造，是最好的治標方法，這也說明了導師的責任重大。

要讓學生學習社交、與人互動技巧，班級氣氛的經營也很重要。有些教師會將全班營造成和諧、互助、快樂的氣氛，有些教師則是以威權領導而有害無愛，有些教師的班級幾乎是師生對抗、彼此看不順眼，這些也都會影響學生與人互動的眞實面。雖然學校輔導老師能力有限，加上同事間的「忠誠」，不方便干預其他教師上課或班級經營，但是有時候可以藉由經驗分享或私下聊天，或是以教師知能研習的機會，讓彼此都可以有機會讓教育更有人性與希望。

第六章

班級輔導與團體諮商

學校有例行宣導的主題，通常會在朝會中宣布或說明，也會舉辦全校性的演說，只是有些主題或是方案，運用「班級輔導」的效果更佳，也較具個別性，而「團體諮商」較傾向於「補救性」與「治療性」，針對的是「小衆」。

學校例行的團體方案

一般國小裡面，學校會以團體方式推動的活動有全校性的朝會或演講、班級輔導，以及主題式的團體諮商，這些可能都與輔導室或教務處有關。教育性或是預防性的活動，可以以全校或是班級方式進行，但是補救或治療性的活動則是以團體諮商或個別諮商方式進行較爲妥當。團體諮商進行之前，有時候在先做個別諮商之後進行會較爲妥當，也就是個別的特殊情況穩定以後，再加入團體，效果會更好，然而若是個人議題或個人情況還不穩定的狀態下，匆忙進入團體，團體的張力可能會導致當事人的情緒失控或崩潰，這是針對青少年以上的團體而言，也適用於國小學童的團體。

以團體方式進行諮商主要是經濟效益，再來是因爲團體是外在社會的縮影，成員在團體中所學的較容易運用（或「遷移」）到日常生活當中；再則，有共同目標的人一起學習，會引發更大動力，也更有意願在彼此身上學習，這在年紀越小的孩子身上越明顯。近幾十年來，「團體諮商」蔚爲風潮，但是對於團體領導的要求較之個別諮商要更嚴苛，因爲個別諮商是一對一，而團體諮商卻是一對多，因此團體領導的經驗與能力就相當重要，加上團體本身會自己「長生命」，需要有經驗的治療師帶領，才能讓團體長出自己、發揮團體的精神與功能，甚至進一步可以在沒有固定領導的情況下自己運作（所謂的「自助團體」出現）。

一、心理衛生推廣活動

學校進行心理衛生相關的推廣活動，通常是以全校師生爲對象，偶而也要以社區居民爲對象，但是因爲需要的空間較大、面對的觀眾過多，有時效果不彰，如果再加上時間過長、或是演說者較不具吸引力，可能秩序場面就不容易掌握，也會影響其效果。心理衛生推廣活動是可以結合社區資源所做的計畫，當然同時也可以不同方式進行，除了演說、園遊會、重點的展示品之外，還可以善用書面宣導品、網路、競賽、抽獎等方式進行。心理衛生推廣活動可以是針對校內、或同時對校內外，可以讓社區民眾積極參與，自然效果加成。學校裡的衛生教育推廣，最好可以做「平行」與「縱貫」的連結，「平行」可能是同年級的活動結合，「縱貫」的可能是不同科目的教師的合作，像是防範自殺或自傷，除了有全校性或開放給社區居民的大型衛生推廣演說、園遊會之外，可以結合不同科目教師、職員，在課程內容或是日常生活中也將生命教育的意涵納入。

二、班級輔導

班級輔導基本上是以「發展」及「預防」爲主要目標，在事情尙未發生之前就有提前教育的必要（像是性別與尊重、青春期身心理變化、國中教育的銜接等），當然倘若學校成員發生一些意外事故（如集體車禍、天災或人禍），也要對全校做事後的心理建設與安撫動作。班級輔導可以是同一主題（如生命教育），依照不同重點在各個年級施行（像是低年級可能是「生命的過程」、中年級是「尊重生命」、高年級是「失落經驗」），基本上是配合學校的例行工作，但是也可能因爲臨時的情況變動或是發生的時事，而納入班級輔導。

班級輔導的實施，在越低年級，活動要較多、說明討論較少，隨著年級的增加，就可以適時增加互動討論與說明時間，同時運用許多媒材（如繪本、畫圖）或是不同形式（如比賽、搶答、演劇），效果更佳。班級輔導不一定要由老師主導，也可以讓學生以組別方式接手（如「主席排」），教師站在督導與諮詢的立場，協助學生完成某一主題的進行，通常學生也會有許多的創意，甚至更接近學生族群的需求也未定。諮商師有時候可以在進行班級輔導的時間，去觀察與發現一些需要協助的學生，這樣可以更掌握先機，達到預防與修補的效果。

三、團體諮商

在學校裡進行主題式的團體諮商，需要確認團體目的在於治療或是修復，治療是讓有共同需求的學生可以在一個有歸屬感的團體中彼此互動學習，讓自己的創傷（如受虐、被歧視等）有重新療癒的機會，至於「修復」的動作則是補足或是彌補學生的能力（包括社交技巧、被接納），其目的都是要讓學生可以更有力量、帶著希望，繼續努力生活。

若要在學校進行團體諮商需要注意以下幾個重點：

（一）在招徠團體成員之時

因爲這些成員都是未成年、受家長監護，因而有必要取得家長的書面同意（或「知後同意」）。許多家長對於學校的一些活動不了解，也擔心孩子因此被負面貼標籤，因此在取得家長同意時要特別注意「表面效度」（也就是在外觀上要讓家長相信，一旦他／她的孩子加入了這個團體，可以獲益很多，而不是因自己的孩子「特殊」或「有問題」，如以「我的好朋友」團體取代「暴力傾向」團體），而老師也要發揮說服的功力讓家長相信，這當然也涉及了平日的親師關係良窳。例如將團體的目的鎖在「協助學生有更好的溝通技巧」，雖然諮商師鎖定的目標是那些孤立、朋友疏離的對象；以這樣的團體來說，招募的成員不能只是那些需要協助的學生，還要加上一些溝通能力良好、人緣不錯的學生，這樣這些人脈夠的學生就能在團體中發揮「示範」作用，其他參與的成員也都可以在觀察、模仿中學習，最少也可以與這些受歡迎的同學做朋友，也接受幫助。另外，可能的話，諮商師要先做成員「篩選」動作，因爲許多班級導師不明白團體的眞正目的，偶而就會把班上一些「討厭」的學生釋出，這樣不一定能夠協助團體成員，甚至會破壞整個團體，所以適當的篩選動作是必要的，本身若有太多問題或是正在經歷危機的學生也不適合將其納入團體。篩選動作可以先與個別要參加的成員面談，讓他／她了解團體的功能、目的與進行方式，而他／她在團體中可以做些什麼，學習到什麼，藉此可以讓成員知道自己在團體中該做些什麼，也可以讓諮商師與他／她建立較爲個人的關係，在眞正團體進行時，學生也許基於情誼較願意合作。團體成員的數量不宜太多，小學中、低年級可能有五、六位成員就可以，高年級可以多一些（但也不宜超過八人），進行團體時間可能是一週一次，一次五十到六十分鐘，年級越低可能每週進行二次、一次三十到四十分鐘。對小學生來說，諮商不要僅限於「談話」或「討論」，而是加入一些「有意義」的小活動（與主題有關係、或是能夠引發討論主題的活動），然而分寸也要拿捏清楚，不要將團體諮商變成「團康活動」，就失去其教育或治療目的。

（二）進行團體過程時

諮商師面對小學生可能需要與成員先建立個人的良好關係，至少熟悉度要足夠，然後進行團體會較爲順暢。諮商師本身若無「班級管理」的經驗或知能，有時候也可能在進行團體時遭遇問題（如學生秩序、臨時有預料之外的事件發生、或是有一些較特殊的學生），最好是厚植自身的相關專業知能。團體進行當中應該採「結構」（有固定行程與主題）或是「非結構」方式進行？主要還是諮商師本身的經驗，但是我會建議以「結構式」的方式進行較爲妥當，一則是滿足學生穩定、安全的需求，二則是學生較清楚接下來會發生什麼事比較容易配合，當然這也要注意是否太制式化而引發學生無聊的情緒？團體進行時也可以運用許多的媒材（如黏土、繪畫、音樂、身體活動、摺紙等），不要給學生太多的「學習單」，因爲學生不喜歡寫字，若有一些書寫的項目，也儘量採用勾選或是較簡易的方式進行。另外，爲了讓學生將在團體中所學習到的可以運用在日常生活裡，與團員商議一些簡單、容易完成的「家庭作業」是很重要的，偶而可以讓家長參與、了解孩子所學習的（如讓家長受訪、或是提供資訊），這樣學生就更容易「遷移」其學習成效。

（三）團體結束時

團體都會結束，就如同生命中的現實情況一樣。小學生面對已建立好的關係要結束，會有許多的抗拒，只是每個人表現出來的不同，有些會採不合作、疏離，有些則會變得很難纏、情緒化，有些則會默默承受或退化到先前的模樣，因此儘管諮商師在每一次團體進行時都會提醒「這是第○次的團體，我們還有○次。」學生屆時還是不太能適應，諮商師要好好做結束的動作，而要如何「結束」以及「善後」問題，就要看諮商師的智慧與能力了。對於年紀越小的學生，「結束」議題一旦提出，諮商師可能會發現他們較難接受，團員在團體裡的表現會退化、出現抗拒，甚至不願意結束的情況；然而，許多團體成員至少都彼此認識，因此他們往後在學校生活中會有更多認識的人或朋友，這也是團體結束之後的好處之一。

（四）團體諮商要注意的重點

1.團體很適合兒童，他們的同儕學習最快、也最有效，但也要注意到發展階段認知及語言表達能力的限制；2.利用多種媒體輔助（包括手偶、遊戲、音樂、繪畫、繪本等）、活動（包括演戲、情況劇、動作、問「如果你是他，你會怎樣做」之類問題）與討論穿插；3.坐成一圓圈較容易專注與投入；4.人數六人左右（依年齡或特殊議題而有不同），時間二十至四十分鐘，一週兩次左右。年紀越長可一週一次、時間延長；年紀越小，活動越多、討論越少；5.社交或相關需要學習正向行爲的團體，需要安插值得學習的「榜樣」在團體內，讓學童可以互相觀摩學習，且「正向楷模」要多；6.採用行爲主義的代幣或是增強方式，可以管理秩序、也讓孩子慢慢學會自律；7.篩選成員部分（可以用第一次團體進行前來做，或做個別篩選——關切議題、願意合作與遵守團體規約、在團體中的要求與角色要明白告知）；8.領導取向，也就是領導人要做許多規劃與介入，「結構」要嚴謹；9.領導者愉快、有活力與創意的聲調；10.巧妙引導成員回到主題，因爲他們容易分心；11.領導者的示範與帶著動作的說明很重要；12.領導者對於相關議題的了解；13.讓成員帶作業回家做，也讓家人知道其進度與學習內容；14.讓成員自己在每一次團體結束時自己做摘要，也可以作爲「評估」之參考；15.考驗領導者可能的「威權」、「耐性」與「同理」能力（有些成員因爲性格或是生活上的經驗，會直接挑戰領導者，此時諮商師的專業能力就非常重要）；16.可能的團體主題（但不限於）：聆聽與溝通，認識與處理情緒，社會技巧與友誼，學業成就與學習方式，自我概念與自信，問題解決與如何做決定，失落與哀傷（危機處理的一部分），孤單感受，校園暴力（欺凌與受害者、或兩者）等。

（五）團體的某些情況還有討論的空間

團體要同質或異質性的程度（同一性質的成員、性質有一些差異、或是性質都不同）、保密的限制（雖然完全保密很難，但是依然要隨時提醒參與成員）、設定界限與彈性（這是諮商師與不同團員間的關係議題，一旦與成員更接近了，會不會減少威權性？）、篩選（老師推薦或自我推薦的優劣）等。而領導者也要注意當學生的家長或導師詢問團員進度時，應該要做適當的資訊篩選，謹守與團員之間的保密協議，要不然團員很容易就對領導者失去信任，接下來的團體就很難持續；年紀越小的小朋友是越單純的，他們基本上很信任老師或成人，因此不要拿他們的信任開玩笑。

諮商師在設計班級輔導或是團體諮商方案時，要特別注意「彈性」與「應變」，因爲班級可能因爲班風或是氣氛不同，有時候在一個班級進行順利、第二個班級卻會有問題，所以最好是同一主題可以準備兩個以上的方案，萬一某個活動進行無法達成目標，就可以臨時抽換，「總是要有另一套B計畫」是具有經驗的領導者會做的。團體諮商方案的變數更大，通常一個主題（如「我的好朋友」）諮商師會設計八到十次的團體，但是每進行一次，就可能要做一些修正，因爲可能前一次沒有讓所有成員都參與，下一次就要補正，或是方案進行時發現某些活動可能不適合這個團體、或是成效不彰，那麼最好下一次團體內容就做修正。舉個例來說，第一次團體用「大風吹」方式進行團員自我介紹，卻發現亂成一團、有人還跌倒了，因此第二次改以「小記者訪問」的方式讓成員可以更熟悉彼此。

進行諮商團體時，偶而會碰到不守秩序、或是不知道配合其他人的團員，只要出現一個這樣的成員，就可能擾亂整個團體或當次過程，因此諮商師的隨機應變很重要，不要因爲一位成員的行爲而讓諮商師將其「個人化」，認爲是自己的失誤，要能夠冷靜處理、不陷溺於情緒漩渦中，也要爲其他在場的成員著想。此外，在學校帶領諮商團體結束後，許多學生知道諮商師還在校內，因此即便團體結束了，學生還是可能會偶而拜訪諮商師，這樣雖然可以做一些後續追蹤的動作、同學間也可能會介紹其他學生來諮商師這裡接受協助，甚至詢問諮商師未來舉辦團體之可能性，然而也可能讓學生誤以爲之前的諮商關係還持續存在，其實在學校場域可能比較不需要擔心這樣的議題，畢竟學生還是有自己的其他生活面向要兼顧，至於學生是否會明白「失落」或「結束」的議題，也需要假以時日、隨其成熟度與經驗增加，自然可以學會相關的智慧。

國小校園內可以舉辦的團體諮商

在國小校園，諮商師可以依據當地居民需求、家庭特色、或是教師同仁的觀察，而帶領若干主題的團體，根據前一章兒童發展階段可能有的挑戰，諮商師可以設計與領導以下幾個主題的團體與其重點：

一、情緒管理團體

介紹情緒、認識情緒、區辨情緒與管理情緒。

二、衝突解決團體

了解生氣是正常的，但是不能造成任何的傷害，每個人有不同的想法、意見、行爲與感受，都需要尊重，教導學生可以同理他人處境與感受，以和平、雙贏的方式解決紛爭與衝突。

三、離異家庭團體

父母離異不會造成親子的「離異」，父親與母親彼此因爲情感不合而仳離，但是依然是孩子的父母親；離異的責任不在孩子，但是要了解孩子可能有的情緒反應與自責，讓他們可以接受父母離異的事實，進一步若與繼親父母同住，要如何接受這些改變？

四、社交技巧團體

基本的傾聽、反應、我訊息（I message）、同理心的技巧訓練，先從團體中學習與練習，然後將在團體中所學遷移、運用到日常生活中。

五、性侵害受害者團體

性侵害受害者對人「信任」、人際關係、自尊的議題影響最劇，先要釐清「責任」歸屬（在另一方的成人身上），了解其感受，讓有類似經驗的人都可以在同一團體中分享，感覺不會孤單，也重拾對人的信任、對自己的信心。

六、霸凌受害者團體

讓學生了解暴力是不被允許的，一時受害並不表示永遠受害，自尊與自信的建立、因應可能的霸凌情境技巧、衝突解決的方式、危機處理的步驟等，都是團體的議程。

七、霸凌加害者團體

同理心訓練、人際技巧的教導與練習、衝突與問題解決能力等，都是團體的主題。

現在社會與環境變動更多，學校諮商師也必須要做迅速與適時的調整與配合，像是藥物進入校園已經不是新鮮事，與其等到學生在青少年期間已經接觸藥物之後，才進行相關教育與補救，不如提早實施類似的藥物與上癮教育，甚至讓家長與師生都可以提前明白藥物作用與嚴重後果，可以減少更多的社會成本。

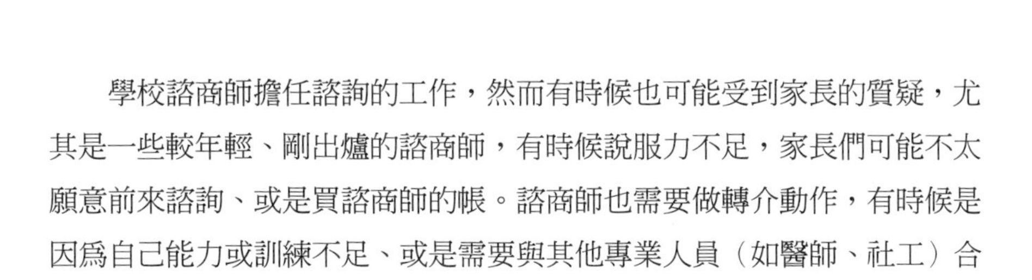

第七章
諮詢與轉介

學校諮商師擔任諮詢的工作，然而有時候也可能受到家長的質疑，尤其是一些較年輕、剛出爐的諮商師，有時候說服力不足，家長們可能不太願意前來諮詢、或是買諮商師的帳。諮商師也需要做轉介動作，有時候是因爲自己能力或訓練不足、或是需要與其他專業人員（如醫師、社工）合作，甚至是因爲自己職務的轉調（離開該校到其他縣市）。

導師站在第一線

諮商師雖然也做初步診斷工作，但是主要還是要靠第一線的教師與家長的近身觀察而來，因爲導師或是家長與學生接觸時間較多，也比較容易發現不同。通常是觀察學生的行爲或表現，發現學生與一般同齡學生比較之下有很大差異（像是過動、不專心、常常打架、太沉默等），進一步去詢問其他老師或是成人在不同場域的觀察也相同，而且此問題或行爲已經妨礙該生學習、與人相處、或是生活功能，有必要做更準確的診斷、及早做補救與治療。通常學校老師發現之後，會先與諮商師或輔導老師交換意見，確定需要做進一步了解或診斷，就需要家長帶去給一般科或身心（或精神）科醫師作檢驗與診斷，然而因爲學生是未成年，許多家長不願意承認自己的孩子有問題或有缺陷（也擔心被「汙名化」），因此合作程度上就需要學校老師們的努力。有些學校老師會親自帶學生去醫院，有些則是礙於家長威權，只能被動等待，此時諮商師或學校輔導老師就要發揮教育與勸導的功能，讓家長願意帶孩子去做診斷，而進一步的協助與治療才有可能！

絕大部分的導師是相當敏銳，且能對學生事務迅速做處理，但是有些導師自己不先做處理，就直接將學生送到輔導或諮商室，這就有點推卸責任之嫌，畢竟最常與學生相處的、最了解學生情況的就是導師，因此在處理學生議題上，導師是最重要的人。即便送到諮商師那裡，諮商師還是會詢問導師有關學生的一切，甚至請教導師已經做了哪些處理？成功程度如何？有沒有需要注意的？或是學生喜歡與不喜歡的人、事、物為何？家庭的狀況怎樣？而諮商師在進行治療期間，學生主要活動場域還是在班級裡，其進度仍然要靠導師的觀察與監控。「諮詢」是導師與諮商師商議如何進行協助，讓學生的行為獲得改善，或是生活步入正軌，因此彼此共同的公約數是「學生」，服務的對象也是學生。

尋求諮詢的對象

在學校裡面，教師、家長、職員或是學生，都可能是尋求諮商師諮詢的人，另外諮商師也有機會擔任校外的諮詢，像是法院、警政或社福單位，只要是有一個協助對象（如學生、虞犯少年）、或是需要改善的機制（如增進社工效能、協助親職課程或教育），也都可以運用諮商師諮詢的功能。諮詢工作要做得好，主要是溝通清楚、信任度夠，以及各自（諮詢者與尋求諮詢者）角色與責任的釐清，諮詢的過程基本上是建立諮詢關係、了解問題與情況、設立目標、研擬行動方案、執行與評估，也就是諮詢工作不是「接受諮詢」而已，最好的方式還是要持續評估進行過程與結果，隨時做必要的修正。但是我們國內的諮商諮詢，太多流於「一時」的諮詢而已，諮商師幾乎沒有追蹤執行情況與評估效果的後續動作，主要也與尋求諮詢單位有關。例如有一回因為有學生遭受性侵害，我應邀出席法院的專家會議，但是該庭長在最後竟然對我說：「妳說的我們都做不到。」邀請我出席的法官也很尷尬，我才發現自己只是來「背書」的，而不是「備詢」的，此後就很識相地婉拒該法院的邀請。

一、擔任教師同仁的諮詢

有些教師希望讓學生可以充分發揮潛能、做最好的學習，或者是新任教班級不知道學生的情況，也許是擔心班上學生的發展情況（如「交換日記」或「上網玩遊戲」），也許是面對家長時不知道如何因應等，也都會來請教諮商師；教師當然有時候也會因爲同事相處或是學校行政事務的問題所引發的議題來請教，諮商師雖然也是同事、站在專業的立場，但是偶而情況複雜、牽連的關係人很多，在處理時就要更謹愼小心。

許多教師在教學現場，面臨了與以往不一樣的挑戰，不管是教學上的困擾、學生的情況、家長的要求、或是引發了自身的情緒與健康問題等，也都可以互相交流，諮商師可以協助有興趣的教師們成立一個「自助」團體，彼此可以互相討論、支持、打氣，必要時邀請諮商師出席協助、或是提供相關資源，諮商師也可以是一個諮詢的角色。不少學校教師自己成立「讀書會」，定期閱讀、導讀與討論，也是一個不錯的支持與成長團體。

二、擔任家長的諮詢

家長最常因爲學生的問題而來請教諮商師，學生問題的種類就有很多，諮商師擔任家長的諮詢工作時，有時候需要從更廣的角度來看家長所關切的議題。偶而，家長會強制要求孩子的努力，而沒有顧及到孩子的能力、興趣或是其他相關條件，也許是沒有考量到孩子的立場或是心情，諮商師都可以將這些考慮說明或解釋給家長明白，可以讓學生的家庭關係更好，也讓學生家長與子女更能夠體諒彼此的立場與感受。有些家長會因爲學生學習情況而來做諮詢，有些則會就自身的困境（如親子關係、親職功能、經濟問題、夫妻相處、孩子偏差行爲等）來尋求協助，諮商師除了進行諮詢工作，也可以另外提供適當的資源、網路或是資訊給家長。像是曾有家長擔心孩子行爲太「娘娘腔」而懷疑孩子的性傾向，我於是提供相關性別的資料，也讓家長知道性別刻板印象的影響力，因爲孩子還在發展期，行爲表現不符其生理性別，但並不表示孩子的同志傾向，也同時教育家長去做一些閱讀，以及可以讓孩子在家庭與學校生活更愜意的方法。

三、擔任學生的諮詢

學生當然也會因爲自己同儕的關係或問題來請教諮商師，諮商師也需要去了解情況、學生處理過的方式與結果、需要的資源有哪些，以及可能做改變或變通之道爲何。有些學生明白某一位同學的特殊問題或情況，但是可能無法說服對方直接與諮商師接觸或面談，然而學生還是希望可以站在同學或是朋友的立場幫助對方，因此就會來找諮商師。像是有學生發現自己班上一位同學常常被父親施暴，但是該同學不願意舉發，因爲會傷及家人關係、或是讓家庭破碎，也擔心自己再度受害，學生想要協助該同學卻不知道要怎麼幫助，於是就來請教諮商師該怎麼做？有時候學生也會因爲自己家庭或是家人的情況而來就教於諮商師，諮商師基於協助「第三者」的立場，所做的處理也是諮詢業務。

四、擔任主校政者或行政同仁的諮詢

有些學校的主校政者（校長）或是輔導主任，很重視該校的輔導工作，希望可以借重諮商師的專業，設計一套危機處理流程、或是整頓規劃學校輔導系統等，校長或是輔導主任是以學校的福祉爲考量，希望可以讓教育與輔導工作進行順利，而諮商師的著眼點也就會更擴大（在「機構」而非個人），因此深入了解學校生態與師生結構、可能資源與需求等面向，都是擬定政策或計畫的重要依據。

有些行政同仁也會因爲業務議題而尋求諮詢，像是訓導單位發現有許多學生參與廟會活動、或者是在網咖認識許多朋友，甚至是中輟生追蹤與輔導。

五、擔任法院或是其他社區單位的諮詢

諮商師因爲自己專業或是專長（如性別、性虐待、創傷、家事協調）之故，有許多機會要爲社區內的機構服務，除了主持個案研討或擔任督導外，也常列席爲諮詢專家，例如擔任法院的專家諮詢（討論性侵害案件的處理與輔導、離異夫妻的監護權判決）、警政單位的顧問（如壓力紓

解或輔導）、社福單位的督導（如處理新住民家暴相關議題）、其他學校或單位的諮詢（如車禍死亡學生的班級、團體或個別治療的內涵與設計，親職教育方案實施）等。若是擔任校外機構的諮詢，有時候並不能系統地檢核其進度或是進展結果，偶而還會因爲對方「被規定」要有「諮詢專家」這一項，只爲了表面「效度」而接受諮詢，可能也是擔任諮詢的諮商師最感到難過的。

轉介工作

諮商師擔任同仁的諮詢當然也會有「雙重關係」的考量，而有些議題或問題也許不是諮商師本身的專長，也需要做適當的轉介。像是老師懷疑學生是不是有身心症，但是若沒有確切的證據，也沒有足夠資訊做適當的診斷時，不妨轉介給家醫科醫師看看，檢查是不是眞的有生理上的狀況需要處理。

諮商師的業務裡面沒有「診斷」，因此需要做正式診斷的工作或開具證明時，還需要專業醫生的協助；有時候諮商師雖然了解當事人所需要的資源，但是學校單位或是本身無法提供，就需要將當事人轉介給適當人員（如社工）或機構（如安置機構、中途之家或勒戒所），而在同時與當事人做諮商治療。像是諮商師若從不同教師或家長處得知的訊息，懷疑學生可能有過動或是自閉傾向，就可能要連絡家長帶學生去醫院做進一步確認；而有些縣市政府的社福單位介入或資源的釋出（如經濟補助、高風險家庭認定），也都需要有正式診斷證明之後才會進行，因此諮商師需要非常了解資源與協助管道的聯繫。

轉介不是將案子轉出去就算了，很多時候是需要諮商師持續與當事人、轉介過去的專家（如醫師、社工）合作，或是需要繼續追蹤轉介後學生的情況。像是如果諮商師轉介家暴性虐待學生的案子給社工單位，社工會進行調查，協同醫療人員作檢驗或診斷、與警政及法律單位合作、社福安置機構的聯繫，以及後續親職教育與心理治療的安排等，諮商師可能需要隨時與負責的社工聯繫，讓校長或輔導主任、班級導師知道目前進行階段，也要同時掌握受害學生的適應狀況。

轉介並非是因爲諮商師沒有處理過的案子就直接不處理、轉出去，諮商師需要先依據自己的能力作一些處理，必要時請教同業或是資深督導，試著去協助當事人，若是眞的超出自己能力範圍，擔心會傷害到當事人，才做轉介動作。

第八章

諮商師需要知道的兒童相關法令

學校諮商師處理的大部分是屬於「未成年」孩童的議題，因此要特別注意相關的法令，也因爲最基本原則是要保護弱勢（特別是兒童），因此如果發生兒童受害的家庭或社會事件，也都要以所服務對象的福祉爲最優先考量。近年來我國因爲全球經濟衰退之故，社會與家庭也受到重大影響，臺灣歷年來有三十九起舉家自殺命案，不僅聳人聽聞，也是世界罕例！爲什麼家中的男主人認爲自己失業或債務問題會造成全家的不幸？因此就將全家性命一併帶走？其實裡面有一個「父權至上」（將妻兒的性命視爲自己的財產）的思想作祟。

性別教育平等法

爲了保障學生受教育的權利，學校教師與職員不應該因爲學生的背景（包括家庭社經地位、家長職業、種族、語言、性別等），而有偏見或成見，甚至因而影響學生的學習或其他權益。「性別教育法」就是規範學校師生（包含教職員）不能因爲學生性別、性傾向等而有偏見或成見，如果身處這樣不友善的環境，不僅會干擾學生的學習，也會對其身心有嚴重負面影響。有些教師本身有「父權至上」或是「父權複製」的思想卻沒有覺察，往往在對待學生或是他人態度中展現無遺，學生是弱勢族群，其所受傷害可能更劇烈！

比較常發現的是教師因爲不同性別學生的課堂與學業表現而有差別待遇。教師當然跟一般人一樣喜歡聰敏、乖巧、勤奮學習的學生，這也可能忽略或輕視了學業上表現不佳的同學；不同性別學生可能在課堂上的表現也會不同，根據研究一般教師會較喜歡常發問的男同學（女同學只是乖巧），也比較容易叫男同學站起來回答問題，對於學業表現較佳的男同學另眼看待，這無形中也加深了性別刻板印象與偏見。有些老師對於性別刻板印象相當在乎，尤其對男同學的要求比較多，若男性學生表現出不符合其生理性別的角色行爲（像是男生有陰柔動作、或是男生彼此走得很近），可能會嚴加指責、嘲笑、甚至處罰，而對於女同學的「男人婆」行爲則較爲容忍。教師對於學生不同科目的學習也會有先入爲主的偏見，像是認爲男生數理較佳、女生語文與社會較強，甚至有意無意間就助長或削弱學生的學習動機，這樣可能就忽略了學生的能力，甚至無形中也挫敗了一些學生的學習興趣與動機（如男生語文不錯卻不讓他去參加比賽，女生喜歡數學卻要她國語多多加強），這也是違反性別平等教育的宗旨。

教師在學校的一舉一動，學生都看在眼裡，儘管嘴上不說，但是學生會觀摩牢記，學生會記得老師叫男學生搬重物、女學生管秩序，潛在的教育又是在教什麼呢？較開明的老師會讓學生自小就養成合作的習慣，依據學生能力做工作分派，而不會因爲性別而有不同分工。一般情況下，女性較容易受到性騷擾或侵害，但是了解事實的教師不會忽略「不同性別都可能會是受害者」的重點，因此在平日的生活教育上也要公允、民主地傳達這樣的訊息，要讓學生自保，也會保護他人。平時在學校生活中不要刻意因爲性別而有差別對待，即使學生在玩與性有關的遊戲或惡作劇（如男生玩「阿魯巴」、或男生以女生的月事或內衣爲玩笑對象），都要勒令制止，並做明確肯定的說明，只要學校全體的態度與作法都可以上下一致，才有可能杜絕不必要的傷害，營造一個眞正平權、互相尊重的生活與學習空間。在國中階段可能已經有女學生未婚懷孕，她當然有受教權，有些學校表面上是爲了學生好、勸誘學生休學在家待產，這也違反了性別教育平等法，最恰當的作法是讓學生可以在懷孕期間可以不間斷學習，協助調適其身體上可能的不適，並做其他必要的協助與安排（包括孩子出生後的親職工作與課業的平衡）。

此外，學校許多行政主管都是男性，因此變成「性別平等委員」是以男性居多（性平會只規定另一個性別人數要超過三分之一），因此在認知、辨識與執行有關性別議題上，會有許多男性觀點在裡面，不見得公允，雖然女性教職員比較以家爲重，不喜歡擔任行政職，但是只要主校政者願意將權力做適當的下放與分配（委員要有執行力，而不是淪爲橡皮圖章），還是可以有相當作爲的！

性騷擾／性侵害防治法

校園內或是校園外（包括家庭內）都有可能發生同／異性騷擾或性侵害事件。性騷擾是針對因爲「性別」之故而遭受不公平對待或是侵犯，像是因爲不同性別就被吃豆腐、開黃腔，也有因爲身爲男性有較爲溫柔的行爲就受到歧視、甚至欺凌，或是因爲性傾向而遭受霸凌或殺害（如美國的「仇恨犯罪」）。對於「性騷擾」，不同性別就有不同感受與認定，男性認爲受到女性吃豆腐是「賺到」，表示自己「異性緣佳」，也基於這樣的刻板印象，不容易舉報或讓性騷擾案件成立，而有些男性又會認爲女性比較「歇斯底里」，稍微一碰或不小心碰到就成了「性騷擾」，這樣的判讀簡直是兩個極端！

性侵害發生在家庭裡的比例近八成，國內外情況都一樣，發生在自己家庭內的性侵害其負面影響更大，不適時作處理，可能遺害終身。倘若家庭中有孩童受害，父母親或是法定監護人的態度就非常重要，攸關孩子未來的發展與適應；如果是因爲家人的因素（如母親之同居人、父親邀來家裡之朋友），而造成孩子受到性侵，家長的同仇敵愾是正常，但是也有家長因爲關係（怕破壞情誼）或是財務因素（依賴加害者的經濟支援），往往不會積極協助孩子，這時候學校師長與相關社福單位的專業人員，就需要積極協助與補救。

國內有關孩子受害受暴的通訊、聯絡網路有問題，往往在某一縣市發生性侵時，當受害家庭遷出該地之後，就沒有繼續治療與追蹤，讓許多受害兒童更容易陷入再度受害、飽受身心之痛苦。我之前曾經碰過一位單親母親自己交往複雜，卻常常帶著女兒去見同居人，結果女兒六歲時就遭受母親其中一位同居人性侵，立案做處理之後，母親卻隨即搬遷他縣市，生活模式仍然沒有改變，常陷女兒於再度被害的危險，但是社福單位竟然沒有追蹤這個案件！

性騷擾是最常發生的，也最常發生在男性對女性的性騷擾上，地點發生在學校、職場、交通工具或是網路上。性騷擾因為發生時間較快，有時等到被害人發覺時，加害者（如暴露狂、公車之狼）已經逃離現場，因此舉證或是找到加害人的機率較小，然而也不應該因此而被漠視。家庭中也有性騷擾之情況發生，像是曾有父親替女兒「檢視」其身體發育情況，或是讓未成年孩子看色情片（是家長沒有監控或是失職），讓孩子做出一些不適齡的性行為等都屬之。學校有義務與責任讓學生知道「性騷擾」的眞正定義，而學生自己「主觀」的感受很重要，倘若是發生在校園內、或是師（職員）生之間，其傷害更大！有些學生儘管感覺不對、不舒服，卻礙於師長的職權（成人、評分權）不敢吭聲，這在教育上要更著力，不可以讓學生成為更弱勢的受害者！

性騷擾只是讓受害者覺得不舒服，但是性侵害卻是有「侵入」動作，對於兒童的傷害遍及身心靈功能、生活的全面，也是近年來各發展中國家特別注意的議題。國內外的統計也都是以家庭內性侵害所占比例最高，在校園內發生還牽涉到權力位階（如老師對學生）、學校名譽問題，儘管現在有兒少保護法與性侵害防治法的規定，但是有些學校很擔心招生或是社區家長的反應，做了不恰當的處理，有的甚至以私下和解或吃案方式處理，不針對受害學生做後續處理與追蹤，讓傷害更大！而男性學生在我們父權制度的社會氛圍下，即便受到性騷擾或侵害，可能也辨識不清、或是擔心自己「不是男人」（懷疑自己的性傾向與自我認同），朝向私底下自己解決困擾的居多，因此教職員要特別注意。

家庭暴力法

兒童是目睹家暴或遭受家暴的危險族群，因此有鑒於維護與提升兒童的身心健康，必須要針對可能受害兒童做必要的保護措施。家暴已經不是告訴乃論，但是許多教師與執法人員，還是將它視爲「家務事」，不願意涉入處理，這樣的刻意忽略（不是法治觀念不足）就有瀆職之可能性。家暴法的第一線蒐證很重要，由於家暴事件牽涉在內的相關人員有血緣關係或是情感因素，因此要做公允的處理並不容易，然而因爲會有受害者，而且其傷害可能是延續終身的，就不能小覷！

家長需要知道相關的法令，以免觸法而不自知，而學校相關單位或諮商師也要教育家長有關平等、人權與性別的法律，不要誤以妻、子爲自身財產或所有物，而誤蹈法網。學童是弱勢，常常礙於親情而不願意表達自己受傷，因爲會擔心家長責罵、處罰或家庭破碎，教師與諮商師有責任去發現、懷疑與確認可能的受害者，並做及時、適當的處理，要不然知情不報也會吃上官司！基於維護與保護學童的人身安全、身心福祉，學校教職員都不能置身事外。

諮商師要配合學校讓師生都有關於家暴法的基礎認識、通報流程與處理步驟，這些通報過程要讓師生都可以接近、使用、沒有阻礙，而且即時與有效啓動。學校職員若發現學生身上有不明傷痕或瘀青，有時候穿著不適合當季的衣服（如夏天卻穿長袖），精神不濟或常焦慮、學習落後、孤立自己、行爲丕變、對感興趣的事物興致缺缺等，都要特別留意是否有家暴、性侵或霸凌的可能性。懷疑學生遭受家暴或被霸凌，可以先找相關老師或諮商師做進一步確認，也將所發現的情況、處理方式鉅細靡遺地記錄下來，以供他日參考或是法律制裁之用。一旦發現有類似家暴案件，茲事體大，學校教職員不能因此而忽略不管，而且不要只是注意到「具體」的傷痕，許多遭受肢體家暴孩童，同時也受到其他不同形式的暴力（如威脅其生存、語言、心理等），而非肢體的暴力較難察覺，這也是諮商師需要仔細、發揮專長之處！

家庭暴力因爲牽涉到有親密或血緣關係的家人，處理難度很高，常常不能兩全其美，加上有些受暴婦女爲了維持「完整家庭」的迷思、或是在經濟上仰賴施暴者，要讓施暴者離開這個家庭更困難！一般說來，法院也不喜歡拆散一個家庭，倘若已經走過法律程序，但是情況依然沒有改善，諮商師與學校就要更有力、積極介入，尋找其他的方式或途徑（包括私人安置機構），讓孩子可以得到最多的保護與協助，有些學校老師或諮商師還因爲舉報、受到家長或相關人士的警告與威脅，這一點也需要諮詢法界人士的意見。家庭暴力不是靠法院的訓誡教育、或是短期的親職訓練就可以改變，需要後續的許多配套措施與治療（如施暴者接受強制治療、受害者基本生活與身心安頓的安排、目睹家暴者的處理，以及社區民衆的法律與教育等），才有可能慢慢看到成效。許多孩子生長在暴力家庭，可能因爲缺乏仿效對象、或適當楷模，也許就模仿與學習同樣的暴力處事待人方式，學校教育有必要讓孩子可以有更多正確楷模可資學習，也要教導學生更多、可變通的解決問題技巧。

家事事件法

雖然清官難斷家務事，然而兒童是家庭成員，最容易受到家庭的影響。由於國內目前有許多外籍配偶家庭，其中的新住民極大部分來自大陸與東南亞國家，許多的外籍配偶是因爲「結婚」而來臺灣，當然也不乏「商業」婚姻，而其遠嫁之夫婿與夫家是以「傳宗接代」爲最大目的，夫家本身可能社經地位較低、觀念也較傳統或父權，育子責任幾乎都落在女性新住民身上；新住民因爲語言、文化與生活習慣的差異，有時候自己的適應就有問題、支持系統薄弱，加上夫家或經濟上的資源不足，讓新住民女性倍感艱辛！許多外配家庭是家暴或高風險家庭，有許多夫家還會擔心外配「在外面學壞」，嚴禁其行動，外配在這些壓力、又未能發展出婚姻之外的支持系統，對其身心的折磨更大，而這些家庭（不管是新住民或夫家）對於外在的社福資源也較不清楚，許多家庭是處於孤立狀態，自然在發生危機時，很難向外求援！

家庭事件法牽涉到家庭裡的每一位成員，即便只是夫妻不和或是訴請離婚，都需要考慮到未成年孩子的最大福祉，尤其是監護人與親權的處理，常常是法官需要謹慎思考的議題。即便孩子年紀小於七歲，一般法官還是會顧及孩子生活所需，將親權判給父親，但是父親也許因爲工作忙碌或失業，也不可能善加照顧孩子，有時候很快再婚，卻無法保障孩子的最佳福祉。較爲明理的父母親傾向於共同監護，彼此會爲孩子的福利著想，也願意盡自己的親職責任，不會在孩子面前批評或捏造對對方不實的謠言，孩子在這樣的氛圍下成長，才是幸福！有時候即便獲得監護的女性沒有很好的經濟能力，法院判決時也應該要衡量最有利於孩子的條件，因爲親職工作不是以經濟條件爲唯一，而是願意去關愛、照顧孩子的身心健康與健全發展！

高風險家庭通報

班級導師是最接近學生與其家庭的，因此對於學生家庭狀況應該最清楚，倘若發現學生出現不正常情況，就應該進行進一步探問與了解，然後與學校諮商師緊密聯繫。「高風險家庭」主要是在家庭發生變故時預先做的防範措施，這也是因應社會快速變遷而產生的危機情況，許多家庭面臨主要生計人負債、失業、入獄、嗑藥或酗酒、生病失功能、離異等問題，無法兼顧養家與育子的責任，使得生活在其中的成員容易因爲壓力而受到許多不良影響，爲免孩子無辜受害，學校與相關單位就必須評估與通報類似這樣的家庭，因此「高風險家庭」的目標是：預先介入與照顧未成年人。

「高風險家庭」主要是指：（一）家庭／婚姻關係出現問題（如家中成員關係紊亂、常劇烈爭吵，家長的同居人常常更換，單親或隔代教養家庭）；（二）經濟方面出現問題（如負責家計者突然死亡、離家、失業或重病，致使家中經濟陷入危機）；（三）健康方面問題（家人健康出狀況，也許是慢性疾病或是有障礙之病人，孩子無形中承擔了心理壓力）；（四）突發事件（如家中負責家計者突遭意外或入獄、離異、或離家）。也可以歸納爲幾個因素：（一）家庭問題因素（如經濟、親子或家人衝突、居住環境惡劣、配偶關係失調等）；（二）主要照顧者因素（如身心障礙、藥物上癮、身體疾病、情緒問題、親職失能等）；（三）孩子因素（如身心障礙或發展遲緩、長期疾病、偏差行爲等）。有關「高風險家庭評估表」，請見附錄六。

學校對高風險家庭及早通報，可以儘速做處理，不僅可以讓孩子少受傷害，也可以有較快速的復原。班級導師與班上學生的關係越佳，越清楚學生的家庭狀況，在通報與危機處理的流程上就會更有效率。學校諮商師除了協助該生家庭獲得必要的即時援助之外，也需要關懷學生的身心情況，做必要的介入與教育。高風險家庭的通報之後，學校教職員與諮商師還需要做後續追蹤，貼近了解孩子的身心、人際與學習狀況，必要時做不定期的家庭訪問，甚至可以讓家長積極參與孩子的學校生活，避免危機或是意外事件發生。

第九章

學校諮商師需要注意的事項

如何維持諮商師的信用

學校諮商師因為是學校的一員，一般學生都會將其視為一般老師，因此要擺脫學生對於諮商師是教師的「威權」形象並不容易。學校諮商師若被視為教師的一員，學生比較容易思考到：老師與老師之間的關係，會不會把我的事告訴我的導師或其他老師？老師會不會把我的事告訴我的父母親或家長？我會不會變成老師或大家眼裡很奇怪的人？有沒有人會跟我做朋友？諮商師在記錄什麼？會不會寫我不好的事？這些問題都有關於「保密」的範圍。諮商師可以對學生說明清楚，讓學生了解他／她的權益，並取得合作的共識，要做的記錄也可以請學生看一下、或是有不同意的地方做適當修飾或刪除。有時候我也會將所記錄的直接唸給學生聽，然後徵求他／她的意見。諮商師也可以告訴學生說家長或是導師會想要知道諮商的進度，所以先跟學生商議：到底要說到哪些項目？怎麼說才不會讓學生覺得「不對」或「不公平」？

此外，在諮商過程中如何維持較為「平權」的關係，也是諮商師需要考量的地方，因為國小學生會將老師視為有權威的成人，而這樣的關係可能不適於延伸到諮商關係裡。諮商師或許可以以較為私人的接觸，讓學生可以領略諮商師的性格，而不會將對一般教師的形象類化到諮商師身上。

危機事件的處理

一般學校都已經有危機事件的處理流程，只是其效率如何，可能仍待評估。以學生被家暴爲例，導師與相關教師發現學生身上有不明傷痕、學業突然落後、行爲與精神狀態都有異狀，於是找諮商師討論，懷疑有家暴情況，於是就上網通報相關單位（如社會局與教育處），接著社會局會安排社工做更詳細調查，諮商師就要追蹤社工的進度並隨時與社工聯繫，且知會學校危機處理的相關單位或負責人，若要進一步安置或處理，也要提供最適合學生的方式。

倘若學校學生或是同仁有意外事故發生（不管是天災或人禍），這些都會影響到全校的氣氛與學生上課的情緒。若是學生發生集體意外事故，首先最好請校長安排一位固定的發言人，定時發布一些最新進展，滿足學生家長與媒體的需求，同時也避免學生的活動或心情受到干擾，可以儘早回歸正常生活，因爲學童需要有安全感，變動不安的環境或是資訊，會讓他們更焦躁、不安，可能就會引發更多的問題。

若是學校學生發生重大事故，基本上諮商師要能夠對全校（朝會時）師生、家長做一些說明與安撫，接著要篩選可能因爲這個事件而引發心理疾病危險（如創傷後壓力症候群、有自殺傾向）的學生或師長，篩選危險個案，以個別諮商方式進行必要的治療（輔以身心科醫生、相關警政或社福單位的協助），也可能要就類似處境的學生或師長做主題式的班級輔導與團體諮商。

諮商師在發現與處理危機個案或是事件時，要特別記得「記錄」這一件事。不管是事情發生時間、內容、聯絡相關人員、處理方式等，都需要鉅細靡遺記錄下來，一則是提供相關（包括警政或社福）單位重要資訊，二則也是保護學校與諮商師自己的最好作法。在確定與處理危機過程中，可以隨時與督導或是資深同業保持聯絡，有時候甚至要與懂得法律的律師連繫，確保進行的方式是較爲恰當的。

基本上危機處理時需要注意到：保障與保護全校師生的安全，確保溝通無礙以及訊息的準確度，適當評估危機事件對於學校相關人士的壓力程度與影響，善用可運用資源與作適當整合，以及對外發言的一致性（最好請一位代表校方發言），應付媒體與其他人的詢問。一旦危機解除之後，恢復學校的正常作息最重要，要儘快讓師生都回歸到原來的位置與生活。國內以集體車禍爲例，除了緊急送醫，結合各界可用資源協助傷者與在車禍現場的師生之外，接下來是安排全校週會讓全校師生清楚發生了什麼事、目前處理的情況與進度，接著可安排班級輔導了解與安撫學生情緒，同時做高危險學生篩選，有符合高危險標準之學生就要安排個別諮商或團體諮商等活動，也要安排一位發言人對外發言，以免媒體干擾師生之作息，也篩選想要急切提供協助的外界機構或單位，並做適當拒絕與安排，最後還要追蹤學生治療與諮商結果。事件發生初期，諮商介入的效果不大，有時並不急切需要，也要看兒童的發展階段與任務；通常是意外災害發生三個月左右，心理諮商的進駐才有需要，也才能發揮欲達效果。最後需要將處理流程變成一個系統，師生定期練習或演練，以備不時之需。我們的許多資源都是事發當下會陸續進入，但是資源與機構之間缺乏整合是最大的浪費，而等到眞正的創傷與事件後座力開始時，許多可用資源卻早已撤走！因此學校諮商師必須要知道如何整合資源，並做適當安排與調節，才可以讓協助到位，達成最佳效果。

善用診斷與標籤

諮商師很清楚所謂的「診斷標準」與手冊是爲了要讓同業（如精神醫師、諮商師、社工等心理衛生人員）間的良性「溝通」，進一步找尋適當的處理與治療方式之用，而不是爲了「標籤」、疏離或處罰某個個體，因此要特別注意「診斷」的使用與說明。

在處理某一需要特殊關切的學生時，諮商師先是要蒐集班級導師、相關教師與家長平日觀察的情況，了解學生學習與學校生活的情形如何，進一步可能與家長、教師或學生約談，可能做初步的測驗或診斷，然後會轉介到身心科醫師那裡做更詳細、確實的診斷，最後由醫生開立證明，接下來縣市政府或是教育、社福單位也需要介入，做後續的教育處置或治療。在了解學生的診斷之後，有時候要針對家長與學生做更直白的解釋，儘量關照到家長或是學生的情緒，不要使用一些「特殊」字眼或專有名詞，徒然混淆或讓家長及學生更擔心而已！家長尤其希望理解孩子的狀況會不會有進步？是否延續終身？有哪些資源可以運用等，諮商師都可以儘量配合提供適當資訊，這樣不但可減少家長不必要的焦慮，也容易取得家長持續的合作。

兒童諮商過程中需注意事項

一、諮商師要找學生談話，先要注意諮商室的物理環境是否適當？不要有不當干擾（像是電話、其他人出入等）、或是讓學生覺得有拘束或壓力，同時要讓學生覺得安全、有隱密性。諮商室也要做適當的布置，色調溫暖，輕鬆很重要，座椅也要舒適，不要讓學生有進入「辦公室」的感覺，也可以有一些適合此年齡層的玩具（包括益智性遊戲）、玩偶，但是平日要收納好，不要影響學生的專注力，而有時候以遊戲或玩具做媒介時，也注意不要太多話。

二、諮商師要與學生談話，不必侷限在諮商室中，因為辦公室或是諮商室都是學校的一部分，有其制式的威脅性，因此如果可以找學生認為舒適、自在的角落更好，有時候對年紀更小的學生，與他／她一起盪鞦韆、或是玩一些互動的遊戲，彼此之間的「權力位階」就更小，小朋友也較願意說話或表達。

三、諮商過程中不要限定在與學生「談話」，溝通的管道有很多，談話只是其中一個。加上學生學習（聽的、看的、做的、說的）或是喜歡表達的方式不同，因此可以藉由其他媒材，讓學生的表達更順暢；對於認知發展還不太成熟、或是語言表達仍有進步空間的學生來說，使用藝術或其他媒材表達自我或是重要事件是較爲容易且方便的，而媒材的象徵性意義可以讓諮商師看見、抓取，進一步更了解學生。可以使用的媒介也有很多〔如手偶、繪本、故事書、演戲或狀況劇、歌唱、音樂、活動、舞蹈、遊戲（市面上有的或自創）等〕，孩子容易「投射」自身情境在這些媒介中，有助於諮商師去了解學童。

四、諮商過程中，不妨運用學生熟悉的遊戲或是活動來暖身，有時候跟學生一起下棋、順便聊聊，其效果要比正式一對一談話要有效得多，學生也會比較喜歡這樣的氛圍。此外，也要注意一下學生的性別、或是習慣溝通的方式，像是男生不太喜歡「談話」，然而一起打球、丟球、玩遊戲、或是做活動，就可以利用空隙來談重要的問題，像我以前喜歡跟學生打籃球，在中場休息時間就可以談話，關係建立之後，以後邀請學生來諮商室就會容易多了。

五、諮商室裡可以準備一些茶水或是小點心，這些食物有「滋養」、「照顧」的意義，也有讓人放鬆的功能，不管是兒童或是青少年基本上不會抗拒食物，「食物」也間接成爲「潤滑劑」。

六、學生最怕諮商師問太多問題，那種感受像是被質詢或受偵訊，而且充分彰顯了「權力位階」，讓學生備感壓力，學生若不願意多說話，也要予以適度的尊重。

七、觀察學生的穿著、舉止，從中去猜測與看見學生的優勢或特質，然後以「暫時性」、「猜測」與「開放」的方式與學生談話。

八、不要將自己困在諮商室裡，可以走出諮商室去貼近接觸與了解學生，學生就不會對諮商師持有不正確或是威權的想法。學生是最容易「好吃到相報」（臺語）的，也就是同儕間的影響與宣傳最重要，諮商師要適當使用這種「老鼠會」方式，讓學生可以更清楚諮商功能，也願意使用諮商服務。

九、與學生的個別諮商也許是一週一次很固定，但是最好不要在同一時段（團體諮商最好利用學生都可以運用的時間，如早修或午休時段），因爲這樣會影響學生學習特定某一科目的時間（或「受教權」），而該科老師也會認為是不是不尊重他／她的科目，而學生方面可能變成逃避某一科目或老師的藉口，為了不影響同事情誼、或造成學生學習權受損，諮商師都要好好考慮。

十、學校諮商師或是輔導老師要服務的對象是全校師生、教職員、家長或社區民眾。以服務的主體學生來說，諮商師的能力無法長期針對某一位學生做長期服務，因為要兼顧到其他學生同樣享有的權利，因此在學校的諮商服務還是以班級輔導及團體諮商形式可以照顧到更多人。而在個別諮商方面，先由認輔老師或是班級導師為第一線輔導人員，需要進一步處理的個案才轉介到諮商師這裡。諮商師也可以持續追蹤與協助需要留意的個案，最好的方式當然就是與學校師生一起合作。

十一、蒐集資料的方式：因為兒童語言能力的限制，只是以傳統諮商進行的「對話」方式，可能得到的答案是令人不滿意的，甚至會有「不知道」、「不會」等曖昧答案出現，諮商師可以採用「畫人畫樹畫屋」、或畫「全家福」（或全家人在家做些什麼）的方式來對兒童家庭背景與情況做更多了解。再則，諮商師也可以從兒童提供的訊息裡繪出「家族圖」（genogram），包括祖（通常是父親那一脈）孫三代的資料，可以更清楚這個家庭裡面成員的身分、性格、心理狀況，甚至彼此間的關係。

另外，「語句完成」也是很好的一種蒐集資料方式，列出一些未完成句子（如：「我很喜歡家裡的○○」、「我最不喜歡吃的菜是○○」、「○○是我最要好的朋友」、「我覺得難過是因為……」等），諮商師可以從中去探索、了解孩子所關切的議題，也可以進一步深入了解孩子；從兒童喜歡的顏色、食物、活動或是偶像，也可以略窺兒童的性格與喜愛的事物。

而「表達性藝術」（繪畫、自畫像、或是舞蹈），也都可以展現孩子心目中的一些圖像或議題，當然如果有些孩子表示自己不會畫圖，也不需要勉強，可以以孩子最喜歡的方式（如捏黏土、玩積木、玩

「天使心」的遊戲等）來進行。看兒童繪畫時有些注意事項需要了解，包含了孩子使用的顏色（是不是屬於較爲鮮明的色彩？）、構圖（是不是有異樣的地方？）與整體感，整個繪圖的觀察過程很重要，也是診斷的重要依據。諮商師除了看孩子如何進行繪畫與著色，也要注意孩子的表情、或是進行中有無阻礙及困難？一般孩子會使用較爲鮮豔的色彩（如黃、紅、橘、草綠、天藍等），如果孩子使用的顏色較爲不同（像是晦暗的色彩，如黑、深褐、紫、墨綠等），可能與孩子的心境或是遭遇有關。我之前曾經看見一位五歲女童以深藍、深褐、紫色布圖，最後以黑色線條將圖畫做切割，後來才知道她是十四歲母親懷孕所生的孩子，而母親常常換枕邊人，導致她生命中沒有一個固定的父親形象，對母親的依附也不深。

十二、關係建立與維繫：與兒童建立關係是從見面第一次就開始，即便是做團體諮商之前，最好是與兒童有過一些私下接觸的經驗，這樣在團體中也較容易掌握不同孩童的情況、取得其信賴。諮商師也要明白，治療關係的建立不是「一次」就成功，從第一次與學生接觸就開始，而在整個諮商過程中當事人也會測試諮商師是否值得信賴？因爲（信任）關係的建立不易，因此諮商師需要戒愼恐懼。年齡越小的孩子很容易因爲人際間的信任或關係而受傷、影響巨大，諮商師要特別珍惜當事人對其的信賴，同時也要謹愼處理治療關係。

十三、結束治療關係：在學校裡與個別諮商或是團體諮商的學生要結束諮商關係會有一些難度，因此還是要看諮商師的專業與智慧做決定，沒有統一的公式可循。一般學生會發現諮商師是學校的一員，因此即使結束了諮商關係還是會認爲沒有結束，學生喜歡跟認識的人打招呼，有時候與諮商師建立了不錯的關係，也會在諮商關係結束之後偶而來探訪諮商師，這樣的關係有個好處是：學生若有需要，會較主動來求助；其次學生也會「好康到相報」（臺語），以老鼠會的方式轉介其他需要的同學來找諮商師，有助於諮商的普羅化與去神祕感。當然也有比較需要顧慮的地方，像是學生會不會太依賴諮商師，少了培養自己能力或是做決定的機會？學生來的次數太多次，會不會干擾到諮商師的工作？這些也都是學校諮商師需要考量的地方。

個別諮商的結束也要階段式地進行，若是一般情況下是一週見一次面，等到當事人的情況進步了，也許可以改成兩週一次；如果正式諮商關係結束了，或許就在正式結束之後的一個月、三個月做追蹤面談，接下來是偶而與之前的當事人見個面（也許是五到十分鐘），了解一下他／她目前的情況。這樣的作法是將緊密的治療關係慢慢淡化爲一般的熟識關係。

學校諮商師注意事項

總而言之，學校的諮商師須注意事項有：

（一）言行一致（行動比說話更有力）。

（二）示範與楷模作用。

（三）注意權力位階與影響（教師角色與諮商師助人角色的衝突）。

（四）留意自己的性別刻板印象與偏見。

（五）耐心聽他／她說完（也給他機會說他／她的故事——特別是與家長一起出席時）。

（六）報告給家長與導師的內容要注意保密原則的限制、取得保密與信任之間的平衡。

（七）了解兒童目前喜歡或流行的歌曲、遊戲、電視節目、偶像等。

（八）適當的幽默與比喻。

（九）少用「爲什麼」，多問「是什麼」、「怎麼樣」，多使用「猜測語氣」的問法或陳述，也多做「觀察」。

（十）了解與結合學校、社區相關人員與資源。

第十章

學校諮商師的專業進修與成長

學校諮商師也要遵守諮商師的專業倫理與法律，有最低程度需要完成的工作規定，包括繼續教育，還要配合學校的「教師知能研習」，因此有很大的壓力。由於學校諮商師要服務的人數很多，相對地也可能容易耗竭，因此相關自我的照顧很重要。學校諮商師的專業與自我成長是一體兩面，在這裡建議一些可以關照的途徑與方式。

一、繼續教育

即便是領有執照的諮商師，依然要滿足六年換照期間的繼續教育時數，主要是因爲專業人員都需要隨時進修，才能夠保證服務品質、滿足當事人的需求。許多的繼續教育是諮商師參加當地的職業公會所提供，價格上較爲便宜，若是需要參加其他縣市公會或是機構的繼續教育，可能花費就更多，這也是諮商師需要去衡量、評估的。一般諮商師對於自身專業成長非常在意，即便滿足了最低標準時數，還是會依照自己興趣或專長做進修。諮商師對於有興趣的議題或是取向，都可以經由繼續教育的方式去了解，甚至取得適當的技能與證照，這樣更能充實自己的專業知能，爲當事人謀求更佳的福利！

二、參加個案討論

學校諮商師要固定安排校內個案的討論，一來可以就學生進度更了解，二來也可以與不同校內外專業人員交換意見，三來對於個案處理可以更上手。除了學校內所舉辦的定期個案討論之外，也可以參加區域性或是全縣市的個案研討，不同領域的助人專業可以共處一室，做聚焦的交流，也是增長專業與自我成長的便捷之道。

三、督導或同儕督導

許多學校諮商師的臨床實務足夠，但是卻缺乏研究與理論的跟進，常常就是因爲閱讀研究及參與個案研討的機會不足，因此在處理學校不同當事人的困擾上，偶而會碰到問題或是處理不夠完善。諮商師可以自己找督導做定期的個案討論、或是因爲特殊個案接受督導，也可以是一群助人工作者一起接受定期的督導；同儕督導較沒有權力位階，彼此也可以就不同個案處理方式做開放交流，還可以形成同儕支持團體、固定聚會。

四、參加同業的支持團體

許多助人專業者清楚自己工作性質，也容易有身心的耗竭出現，因此參加一些同樣是以助人爲業的支持或是紓壓等團體，彼此可以相互支持、打氣，比較不孤單，也可以交換或學習一些有用的資訊與技巧，應用在生活與工作中。

五、閱讀

學校諮商師當然也可以諮詢資深督導或是同儕，倘若因爲時間不允許、或是繼續教育資源不足（或是外地舉辦研習較多，必須考慮交通與費用），最便捷之道還是閱讀。閱讀研究或個案報告、相關理論與研討會資料，對於專業與自我成長都有相當大的幫助。倘若同業之間還可以組成讀書會，定期討論效果更佳。

六、將所學在生活中應用、履行

學校諮商師基本上是相信助人專業的有效性，因此其本身所學習到的，最好能夠先應用在自己的身上或生活上，這樣才可以說服自己，而那些知能才會轉換成諮商師本身的一部分。倘若諮商師本身不相信諮商、生活也亂七八糟，連自己都說服不了，又拿什麼去助人？

七、自我調節的生活型態

諮商師工作壓力大、責任重，加上還有家庭與其他面向的生活要兼顧，因此生活的調節與時間的安排是很重要的智慧。新手諮商師常常將當事人的問題帶到個人生活中，造成另一種負擔，所以要有適當的「界限」拿捏，這個「界限」當然也包含了與親密伴侶、家人、朋友及當事人的關係。因為工作性質與職責所在，諮商師要去度一個長假可能不容易，也因此平常生活、休閒、與自我身心健康照護的安排與執行就更形重要。

八、自我治療

諮商師本身也是一介凡人，有一般人會遭遇到的生命議題，也常常需要做自我整理，因為這些自我議題通常會在面對不同當事人或問題時出現。倘若諮商師本身自我覺察度不夠，最先受害的是當事人，因此鼓勵諮商師自己去找適合的治療師，可以做自我療癒工作、增加自己的專業能力，也能為當事人提供更好的服務。

建議閱讀書目

1. 牛格正、王智弘（2008）。助人專業倫理。臺北：心靈工坊。
2. 李維榕（2002）。家庭舞蹈。臺北：張老師文化。
3. 易之新譯（2004）。敘事治療：解構並重寫生命的故事。臺北：張老師文化。
4. 邱珍琬譯（2002）。焦點解決在國高中的運用。臺北：天馬。
5. 林瑞堂譯（2003）。兒童故事治療。臺北：張老師文化。
6. 周甘逢等譯（2005）。兒童諮商理論與技術。臺北：華騰。
7. 徐儷瑜譯（2005）。想得好，感覺棒。臺北：揚智。
8. 高淑貞譯（1994）。遊戲治療。臺北：桂冠。
9. 許維素等譯（2006）。建構解決之道的會談——焦點解決短期治療。臺北：心理。
10. 陳信昭、林維君譯（2005）。我的孩子得了憂鬱症。臺北：心靈工坊。
11. 陳增穎譯（2007）。敘事治療入門。臺北：心理。
12. 黃孟嬌譯（2004）。兒童敘事治療。臺北：張老師文化。
13. 溫淑真譯（1997）。我的孩子想自殺？臺北：商智文化。
14. 盧娜譯（2002）。你的生命意義，由你決定。臺北：人本自然。
15. 譚智華、李瑞玲譯（1996）。你在做什麼？臺北：張老師文化。

附 錄

附錄一：性別工作平等法

1. 中華民國91年1月16日總統（91）華總一義字第09100003660號令制定公布全文40條；並自91年3月8日起施行
2. 中華民國97年1月16日總統華總一義字第09700003951號令修正公布名稱及第1、5-11、15、16、20、21、26、31、34、35、38、40條條文；並增訂第6-1、38-1條條文；第16條條文施行日期，由行政院定之（原名稱：兩性工作平等法）

   中華民國98年4月24日行政院院臺勞字第0980022196號令發布第16條定自98年5月1日施行
3. 中華民國97年11月26日總統華總一義字第09700250571號令修正公布第38、38-1條條文
4. 中華民國100年1月5日總統華總一義字第09900358591號令修正公布第15、20條條文

第一章 總則

第 1 條 爲保障性別工作權之平等，貫徹憲法消除性別歧視、促進性別地位實質平等之精神，爰制定本法。

第 2 條 雇主與受僱者之約定優於本法者，從其約定。

本法於公務人員、教育人員及軍職人員，亦適用之。但第三十三條、第三十四條及第三十八條之規定，不在此限。

公務人員、教育人員及軍職人員之申訴、救濟及處理程序，依各該人事法令之規定。

第 3 條 本法用辭定義如下：

一、受僱者：謂受雇主僱用從事工作獲致薪資者。

二、求職者：謂向雇主應徵工作之人。

三、雇主：謂僱用受僱者之人、公私立機構或機關。代表雇主行使管理權之人或代表雇主處理有關受僱者事務之人，視同雇主。

四、薪資：謂受僱者因工作而獲得之報酬；包括薪資、薪金及按計時、計日、計月、計件以現金或實物等方式給付之獎金、津貼及其他任何名義之經常性給與。

第 4 條 本法所稱主管機關：在中央爲行政院勞工委員會；在直轄市爲直轄市政府；在縣（市）爲縣（市）政府。

本法所定事項，涉及各目的事業主管機關職掌者，由各該目的事業主管機關辦理。

第 5 條 爲審議、諮詢及促進性別工作平等事項，各級主管機關應設性別工作平等會。

前項性別工作平等會應置委員五人至十一人，任期兩年，由具備勞工事務、性別問題之相關學識經驗或法律專業人士擔任之，其中經勞工團體、女性團體推薦之委員各二人，女性委員人數應占全體委員人數二分之一以上。

前項性別工作平等會組織、會議及其他相關事項，由各級主管機關另定之。

地方主管機關如設有就業歧視評議委員會，亦得由該委員會處理相關事宜。該會之組成應符合第二項之規定。

第 6 條 直轄市及縣（市）主管機關爲婦女就業之需要應編列經費，辦理各類職業訓練、就業服務及再就業訓練，並於該期間提供或設置托兒、托老及相關福利設施，以促進性別工作平等。

中央主管機關對直轄市及縣（市）主管機關辦理前項職業訓練、就業服務及再就業訓練，並於該期間提供或設置托兒、托老及相關福利措施，得給予經費補助。

第 6-1 條　主管機關應就本法所訂之性別、性傾向歧視之禁止、性騷擾之防治及促進工作平等措施納入勞動檢查項目。

第二章　性別歧視之禁止

第 7 條　雇主對求職者或受僱者之招募、甄試、進用、分發、配置、考績或陞遷等，不得因性別或性傾向而有差別待遇。但工作性質僅適合特定性別者，不在此限。

第 8 條　雇主為受僱者舉辦或提供教育、訓練或其他類似活動，不得因性別或性傾向而有差別待遇。

第 9 條　雇主為受僱者舉辦或提供各項福利措施，不得因性別或性傾向而有差別待遇。

第 10 條　雇主對受僱者薪資之給付，不得因性別或性傾向而有差別待遇；其工作或價值相同者，應給付同等薪資。但基於年資、獎懲、績效或其他非因性別或性傾向因素之正當理由者，不在此限。

雇主不得以降低其他受僱者薪資之方式，規避前項之規定。

第 11 條　雇主對受僱者之退休、資遣、離職及解僱，不得因性別或性傾向而有差別待遇。

工作規則、勞動契約或團體協約，不得規定或事先約定受僱者有結婚、懷孕、分娩或育兒之情事時，應行離職或留職停薪；亦不得以其為解僱之理由。

違反前二項規定者，其規定或約定無效；勞動契約之終止不生效力。

第三章　性騷擾之防治

第 12 條　本法所稱性騷擾，謂下列二款情形之一：

一、受僱者於執行職務時，任何人以性要求、具有性意味或性別歧視之言詞或行為，對其造成敵意性、脅迫性或冒犯性之工作環境，致侵犯或干擾其人格尊嚴、人身自由或影響其工作表現。

二、雇主對受僱者或求職者為明示或暗示之性要求、具有性意味或性別歧視之言詞或行為，作為勞務契約成立、存續、變更或分發、配置、報酬、考績、陞遷、降調、獎懲等之交換條件。

第 13 條　雇主應防治性騷擾行為之發生。其僱用受僱者三十人以上者，應訂定性騷擾防治措施、申訴及懲戒辦法，並在工作場所公開揭示。

雇主於知悉前條性騷擾之情形時，應採取立即有效之糾正及補救措施。

第一項性騷擾防治措施、申訴及懲戒辦法之相關準則，由中央主管機關定之。

第四章　促進工作平等措施

第 14 條　女性受僱者因生理日致工作有困難者，每月得請生理假一日，其請假日數併入病假計算。

生理假薪資之計算，依各該病假規定辦理。

第 15 條　雇主於女性受僱者分娩前後，應使其停止工作，給予產假八星期；妊娠三個月以上流產者，應使其停止工作，給予產假四星期；妊娠二個月以上未滿三個月流產者，應使其停止工作，給予產假一星期；妊娠未滿二個月流產者，應使其停止工作，給予產假五日。

產假期間薪資之計算，依相關法令之規定。

受僱者經醫師診斷需安胎休養者，其治療、照護或休養期間之請假及薪資計算，依相關法令之規定。

受僱者於其配偶分娩時，雇主應給予陪產假三日。

陪產假期間工資照給。

第 16 條　受僱者任職滿一年後，於每一子女滿三歲前，得申請育嬰留職停薪，期間至該子女滿三歲止，但不得逾二年。同時撫育子女二人以上者，其育嬰留職停薪期間應合併計算，最長以最幼子女受撫育二年爲限。

受僱者於育嬰留職停薪期間，得繼續參加原有之社會保險，原由雇主負擔之保險費，免予繳納；原由受僱者負擔之保險費，得遞延三年繳納。

育嬰留職停薪津貼之發放，另以法律定之。

育嬰留職停薪實施辦法，由中央主管機關定之。

第 17 條　前條受僱者於育嬰留職停薪期滿後，申請復職時，除有下列情形之一，並經主管機關同意者外，雇主不得拒絕：

一、歇業、虧損或業務緊縮者。

二、雇主依法變更組織、解散或轉讓者。

三、不可抗力暫停工作在一個月以上者。

四、業務性質變更，有減少受僱者之必要，又無適當工作可供安置者。

雇主因前項各款原因未能使受僱者復職時，應於三十日前通知之，並應依法定標準發給資遣費或退休金。

第 18 條　子女未滿一歲須受僱者親自哺乳者，除規定之休息時間外，雇主應每日另給哺乳時間二次，每次以三十分鐘爲度。

前項哺乳時間，視爲工作時間。

第 19 條　受僱於僱用三十人以上雇主之受僱者，爲撫育未滿三歲子女，得向雇主請求爲下列二款事項之一：

一、每天減少工作時間一小時；減少之工作時間，不得請求報酬。

二、調整工作時間。

第 20 條　受僱者於其家庭成員預防接種、發生嚴重之疾病或其他重大事故須親自照顧時，得請家庭照顧假；其請假日數併入事假計算，全年以七日爲限。

家庭照顧假薪資之計算，依各該事假規定辦理。

第 21 條　受僱者依前七條之規定爲請求時，雇主不得拒絕。

受僱者為前項之請求時，雇主不得視為缺勤而影響其全勤獎金、考績或為其他不利之處分。

第 22 條　受僱者之配偶未就業者，不適用第十六條及第二十條之規定。但有正當理由者，不在此限。

第 23 條　僱用受僱者二百五十人以上之雇主，應設置托兒設施或提供適當之托兒措施。

主管機關對於雇主設置托兒設施或提供托兒措施，應給予經費補助。

有關托兒設施、措施之設置標準及經費補助辦法，由中央主管機關會商有關機關定之。

第 24 條　主管機關為協助因結婚、懷孕、分娩、育兒或照顧家庭而離職之受僱者獲得再就業之機會，應採取就業服務、職業訓練及其他必要之措施。

第 25 條　雇主僱用因結婚、懷孕、分娩、育兒或照顧家庭而離職之受僱者成效卓著者，主管機關得給予適當之獎勵。

第五章　救濟及申訴程序

第 26 條　受僱者或求職者因第七條至第十一條或第二十一條之情事，受有損害者，雇主應負賠償責任。

第 27 條　受僱者或求職者因第十二條之情事，受有損害者，由雇主及行為人連帶負損害賠償責任。但雇主證明其已遵行本法所定之各種防治性騷擾之規定，且對該事情之發生已盡力防止仍不免發生者，雇主不負賠償責任。

如被害人依前項但書之規定不能受損害賠償時，法院因其聲請，得斟酌雇主與被害人之經濟狀況，令雇主為全部或一部之損害賠償。

雇主賠償損害時，對於為性騷擾之行為人，有求償權。

第 28 條　受僱者或求職者因雇主違反第十三條第二項之義務，受有損害者，雇主應負賠償責任。

第 29 條　前三條情形，受僱者或求職者雖非財產上之損害，亦得請求賠償相當之金額。其名譽被侵害者，並得請求回復名譽之適當處分。

第 30 條　第二十六條至第二十八條之損害賠償請求權，自請求權人知有損害及賠償義務人時起，二年間不行使而消滅。自有性騷擾行爲或違反各該規定之行爲時起，逾十年者，亦同。

第 31 條　受僱者或求職者於釋明差別待遇之事實後，雇主應就差別待遇之非性別、性傾向因素，或該受僱者或求職者所從事工作之特定性別因素，負舉證責任。

第 32 條　雇主爲處理受僱者之申訴，得建立申訴制度協調處理。

第 33 條　受僱者發現雇主違反第十四條至第二十條之規定時，得向地方主管機關申訴。

其向中央主管機關提出者，中央主管機關應於收受申訴案件，或發現有上開違反情事之日起七日內，移送地方主管機關。

地方主管機關應於接獲申訴後七日內展開調查，並得依職權對雙方當事人進行協調。

前項申訴處理辦法，由地方主管機關定之。

第 34 條　受僱者或求職者發現雇主違反第七條至第十一條、第十三條、第二十一條或第三十六條規定時，向地方主管機關申訴後，雇主、受僱者或求職者對於地方主管機關所爲之處分有異議時，得於十日內向中央主管機關性別工作平等會申請審議或逕行提起訴願。

雇主、受僱者或求職者對於中央主管機關性別工作平等會所爲之處分有異議時，得依訴願及行政訴訟程序，提起訴願及進行行政訴訟。

前項申訴審議處理辦法，由中央主管機關定之。

第 35 條　法院及主管機關對差別待遇事實之認定，應審酌性別工作平等會所爲之調查報告、評議或處分。

第 36 條　雇主不得因受僱者提出本法之申訴或協助他人申訴，而予以解僱、調職或其他不利之處分。

第 37 條　受僱者或求職者因雇主違反本法之規定，而向法院提出訴訟時，主管機關應提供必要之法律扶助。

前項法律扶助辦法，由中央主管機關定之。

受僱者或求職者為第一項訴訟而聲請保全處分時，法院得減少或免除供擔保之金額。

第六章　罰則

第 38 條　雇主違反第二十一條或第三十六條規定者，處新臺幣一萬元以上十萬元以下罰鍰。

第 38-1 條　雇主違反第七條至第十條、第十一條第一項、第二項或第十三條第一項後段、第二項規定者，處新臺幣十萬元以上五十萬元以下罰鍰。

第七章　附則

第 39 條　本法施行細則，由中央主管機關定之。

第 40 條　本法自中華民國九十一年三月八日施行。

本法中華民國九十六年十二月十九日第十六條修正條文施行日期，由行政院定之。

附錄二：性別平等教育法

1. 中華民國93年6月23日總統華總一義字第09300117611號令制定公布全文38條；並自公布日施行
2. 中華民國99年5月26日總統華總一義字第09900125131號令修正公布第34、36條條文
3. 中華民國100年6月22日總統華總一義字第10000131071號令修正公布第2、12-14、20-28、30、36、38條條文及第四章章名；增訂第14-1、36-1條條文；施行日期，由行政院定之

   中華民國100年11月15日行政院院臺教字第1000060556號令發布除第36-1條外，定自100年11月15日施行

   中華民國100年12月30日行政院院臺教字第1000068428號令發布第36-1條定自100年12月2日施行

第一章　總則

第 1 條　爲促進性別地位之實質平等，消除性別歧視，維護人格尊嚴，厚植並建立性別平等之教育資源與環境，特制定本法。

本法未規定者，適用其他法律之規定。

第 2 條　本法用詞定義如下：

一、性別平等教育：指以教育方式教導尊重多元性別差異，消除性別歧視，促進性別地位之實質平等。

二、學校：指公私立各級學校。

三、性侵害：指性侵害犯罪防治法所稱性侵害犯罪之行爲。

四、性騷擾：指符合下列情形之一，且未達性侵害之程度者：

（一）以明示或暗示之方式，從事不受歡迎且具有性意味或性別歧視之言詞或行爲，致影響他人之人格尊嚴、學習、或工作之機會或表現者。

（二）以性或性別有關之行為，作為自己或他人獲得、喪失或減損其學習或工作有關權益之條件者。

五、性霸凌：指透過語言、肢體或其他暴力，對於他人之性別特徵、性別特質、性傾向或性別認同進行貶抑、攻擊或威脅之行為且非屬性騷擾者。

六、性別認同：指個人對自我歸屬性別的自我認知與接受。

七、校園性侵害、性騷擾或性霸凌事件：指性侵害、性騷擾或性霸凌事件之一方為學校校長、教師、職員、工友或學生，他方為學生者。

第 3 條　本法所稱主管機關：在中央為教育部；在直轄市為直轄市政府；在縣（市）為縣（市）政府。

第 4 條　中央主管機關應設性別平等教育委員會，其任務如下：

一、研擬全國性之性別平等教育相關法規、政策及年度實施計畫。

二、協調及整合相關資源，協助並補助地方主管機關及所主管學校、社教機構落實性別平等教育之實施與發展。

三、督導考核地方主管機關及所主管學校、社教機構性別平等教育相關工作之實施。

四、推動性別平等教育之課程、教學、評量與相關問題之研究與發展。

五、規劃及辦理性別平等教育人員之培訓。

六、提供性別平等教育相關事項之諮詢服務及調查、處理與本法有關之案件。

七、推動全國性有關性別平等之家庭教育及社會教育。

八、其他關於全國性之性別平等教育事務。

第 5 條　直轄市、縣（市）主管機關應設性別平等教育委員會，其任務如下：

一、研擬地方之性別平等教育相關法規、政策及年度實施計畫。

二、協調及整合相關資源，並協助所主管學校、社教機構落實性別平等教育之實施與發展。

三、督導考核所主管學校、社教機構性別平等教育相關工作之實施。

四、推動性別平等教育之課程、教學、評量及相關問題之研究發展。

五、提供所主管學校、社教機構性別平等教育相關事項之諮詢服務及調查、處理與本法有關之案件。

六、辦理所主管學校教育人員及相關人員之在職進修。

七、推動地方有關性別平等之家庭教育及社會教育。

八、其他關於地方之性別平等教育事務。

第 6 條　學校應設性別平等教育委員會，其任務如下：

一、統整學校各單位相關資源，擬訂性別平等教育實施計畫，落實並檢視其實施成果。

二、規劃或辦理學生、教職員工及家長性別平等教育相關活動。

三、研發並推廣性別平等教育之課程、教學及評量。

四、研擬性別平等教育實施與校園性侵害及性騷擾之防治規定，建立機制，並協調及整合相關資源。

五、調查及處理與本法有關之案件。

六、規劃及建立性別平等之安全校園空間。

七、推動社區有關性別平等之家庭教育與社會教育。

八、其他關於學校或社區之性別平等教育事務。

第 7 條　中央主管機關之性別平等教育委員會，置委員十七人至二十三人，採任期制，以教育部部長為主任委員，其中女性委員應占委員總數二分之一以上；性別平等教育相關領域之專家學者、民間團體代表及實務工作者之委員合計，應占委員總數三分之二以上。

前項性別平等教育委員會每三個月應至少開會一次，並應由專人處理有關業務；其組織、會議及其他相關事項，由中央主管機關定之。

第 8 條　直轄市、縣（市）主管機關之性別平等教育委員會，置委員九人至二十三人，採任期制，以直轄市、縣（市）首長爲主任委員，其中女性委員應占委員總數二分之一以上；性別平等教育相關領域之專家學者、民間團體代表及實務工作者之委員合計，應占委員總數三分之一以上。

前項性別平等教育委員會每三個月應至少開會一次，並應由專人處理有關業務；其組織、會議及其他相關事項，由直轄市、縣（市）主管機關定之。

第 9 條　學校之性別平等教育委員會，置委員五人至二十一人，採任期制，以校長爲主任委員，其中女性委員應占委員總數二分之一以上，並得聘具性別平等意識之教師代表、職工代表、家長代表、學生代表及性別平等教育相關領域之專家學者爲委員。

前項性別平等教育委員會每學期應至少開會一次，並應由專人處理有關業務；其組織、會議及其他相關事項，由學校定之。

第 10 條　中央、直轄市、縣（市）主管機關及學校每年應參考所設之性別平等教育委員會所擬各項實施方案編列經費預算。

第 11 條　主管機關應督導考核所主管學校、社教機構或下級機關辦理性別平等教育相關工作，並提供必要之協助；其績效優良者，應給予獎勵，績效不良者，應予糾正並輔導改進。

第二章　學習環境與資源

第 12 條　學校應提供性別平等之學習環境，尊重及考量學生與教職員工之不同性別、性別特質、性別認同或性傾向，並建立安全之校園空間。

學校應訂定性別平等教育實施規定，並公告周知。

第 13 條　學校之招生及就學許可不得有性別、性別特質、性別認同或性傾向之差別待遇。但基於歷史傳統、特定教育目標或其他非因性別因素之正當理由，經該管主管機關核准而設置之學校、班級、課程者，不在此限。

第 14 條　學校不得因學生之性別、性別特質、性別認同或性傾向而給予教學、活動、評量、獎懲、福利及服務上之差別待遇。但性質僅適合特定性別、性別特質、性別認同或性傾向者，不在此限。

學校應對因性別、性別特質、性別認同或性傾向而處於不利處境之學生積極提供協助，以改善其處境。

第 14-1 條　學校應積極維護懷孕學生之受教權，並提供必要之協助。

第 15 條　教職員工之職前教育、新進人員培訓、在職進修及教育行政主管人員之儲訓課程，應納入性別平等教育之內容；其中師資培育之大學之教育專業課程，應有性別平等教育相關課程。

第 16 條　學校之考績委員會、申訴評議委員會、教師評審委員會及中央與直轄市、縣（市）主管機關之教師申訴評議委員會之組成，任一性別委員應占委員總數三分之一以上。但學校之考績委員會及教師評審委員會因該校任一性別教師人數少於委員總數三分之一者，不在此限。

學校或主管機關相關組織未符合前項規定者，應自本法施行之日起一年內完成改組。

第三章　課程、教材與教學

第 17 條　學校之課程設置及活動設計，應鼓勵學生發揮潛能，不得因性別而有差別待遇。

國民中小學除應將性別平等教育融入課程外，每學期應實施性別平等教育相關課程或活動至少四小時。

高級中等學校及專科學校五年制前三年應將性別平等教育融入課程。

大專校院應廣開性別研究相關課程。

學校應發展符合性別平等之課程規劃與評量方式。

第 18 條　學校教材之編寫、審查及選用，應符合性別平等教育原則；教材內容應平衡反映不同性別之歷史貢獻及生活經驗，並呈現多元之性別觀點。

第 19 條　教師使用教材及從事教育活動時，應具備性別平等意識，破除性別刻板印象，避免性別偏見及性別歧視。

教師應鼓勵學生修習非傳統性別之學科領域。

第四章　校園性侵害、性騷擾及性霸凌之防治

第 20 條　為預防與處理校園性侵害、性騷擾或性霸凌事件，中央主管機關應訂定校園性侵害、性騷擾或性霸凌之防治準則；其內容應包括學校安全規劃、校內外教學與人際互動注意事項、校園性侵害、性騷擾或性霸凌之處理機制、程序及救濟方法。

學校應依前項準則訂定防治規定，並公告周知。

第 21 條　學校校長、教師、職員或工友知悉服務學校發生疑似校園性侵害、性騷擾或性霸凌事件者，除應立即依學校防治規定所定權責，依性侵害犯罪防治法、兒童及少年福利法、身心障礙者權益保障法及其他相關法律規定通報外，並應向學校及當地直轄市、縣（市）主管機關通報，至遲不得超過二十四小時。

學校校長、教師、職員或工友不得偽造、變造、湮滅或隱匿他人所犯校園性侵害、性騷擾或性霸凌事件之證據。

學校或主管機關處理校園性侵害、性騷擾或性霸凌事件，應將該事件交由所設之性別平等教育委員會調查處理。

第 22 條　學校或主管機關調查處理校園性侵害、性騷擾或性霸凌事件時，應秉持客觀、公正、專業之原則，給予雙方當事人充分陳述意見及答辯之機會。但應避免重複詢問。

當事人及檢舉人之姓名或其他足以辨識身分之資料，除有調查之必要或基於公共安全之考量者外，應予保密。

第 23 條　學校或主管機關於調查處理校園性侵害、性騷擾或性霸凌事件期間，得採取必要之處置，以保障當事人之受教權或工作權。

第 24 條　學校或主管機關處理校園性侵害、性騷擾或性霸凌事件，應告知當事人或其法定代理人其得主張之權益及各種救濟途徑，或轉介至相關機構處理，必要時，應提供心理輔導、保護措施或其他協助；對檢舉人有受侵害之虞者，並應提供必要之保護措施或其他協助。

前項心理輔導、保護措施或其他協助，學校或主管機關得委請醫師、心理師、社會工作師或律師等專業人員爲之。

第 25 條　校園性侵害、性騷擾或性霸凌事件經學校或主管機關調查屬實後，應依相關法律或法規規定自行或將加害人移送其他權責機關懲處。

學校、主管機關或其他權責機關爲性騷擾或性霸凌事件之懲處時，應命加害人接受心理輔導之處置，並得命其爲下列一款或數款之處置：

一、經被害人或其法定代理人之同意，向被害人道歉。

二、接受八小時之性別平等教育相關課程。

三、其他符合教育目的之措施。

校園性騷擾或性霸凌事件情節輕微者，學校、主管機關或其他權責機關得僅依前項規定爲必要之處置。

第一項懲處涉及加害人身分之改變時，應給予其書面陳述意見之機會。

第二項之處置，應由該懲處之學校或主管機關執行，執行時並應採取必要之措施，以確保加害人之配合遵守。

第 26 條　學校或主管機關調查校園性侵害、性騷擾或性霸凌事件過程中，得視情況就相關事項、處理方式及原則予以說明，並得於事件處理完成後，經被害人或其法定代理人之同意，將事件之有無、樣態及處理方式予以公布。但不得揭露當事人之姓名或其他足以識別其身分之資料。

第 27 條　學校或主管機關應建立校園性侵害、性騷擾或性霸凌事件及加害人之檔案資料。

前項加害人轉至其他學校就讀或服務時，主管機關及原就讀或服務之學校應於知悉後一個月內，通報加害人現就讀或服務之學校。

接獲前項通報之學校，應對加害人實施必要之追蹤輔導，非有正當理由，並不得公布加害人之姓名或其他足以識別其身分之資料。

學校任用教育人員或進用其他專職、兼職人員前，應依性侵害犯罪防治法之規定，查閱其有無性侵害之犯罪紀錄，或曾經主管機關或學校性別平等教育委員會調查有性侵害、性騷擾或性霸凌行為屬實並經該管主管機關核准解聘或不續聘者。

第五章　申請調查及救濟

第 28 條　學校違反本法規定時，被害人或其法定代理人得向學校所屬主管機關申請調查。

校園性侵害、性騷擾或性霸凌事件之被害人或其法定代理人得以書面向行為人所屬學校申請調查。但學校之首長為加害人時，應向學校所屬主管機關申請調查。

任何人知悉前二項之事件時，得依其規定程序向學校或主管機關檢舉之。

第 29 條　學校或主管機關於接獲調查申請或檢舉時，應於二十日內以書面通知申請人或檢舉人是否受理。

學校或主管機關於接獲調查申請或檢舉時，有下列情形之一者，應不予受理：

一、非屬本法所規定之事項者。

二、申請人或檢舉人未具眞實姓名。

三、同一事件已處理完畢者。

前項不受理之書面通知，應敘明理由。

申請人或檢舉人於第一項之期限內未收到通知或接獲不受理通知之次日起二十日內，得以書面具明理由，向學校或主管機關申復。

第 30 條　學校或主管機關接獲前條第一項之申請或檢舉後，除有前條第二項所定事由外，應於三日內交由所設之性別平等教育委員會調查處理。

學校或主管機關之性別平等教育委員會處理前項事件時，得成立調查小組調查之。

前項小組成員應具性別平等意識，女性人數比例，應占成員總數二分之一以上，必要時，部分小組成員得外聘。處理校園性侵害、性騷擾或性霸凌事件所成立之調查小組，其成員中具性侵害、性騷擾或性霸凌事件調查專業素養之專家學者之人數比例於學校應占成員總數三分之一以上，於主管機關應占成員總數二分之一以上；雙方當事人分屬不同學校時，並應有申請人學校代表。

性別平等教育委員會或調查小組依本法規定進行調查時，行爲人、申請人及受邀協助調查之人或單位，應予配合，並提供相關資料。

行政程序法有關管轄、移送、迴避、送達、補正等相關規定，於本法適用或準用之。

性別平等教育委員會之調查處理，不受該事件司法程序進行之影響。

性別平等教育委員會爲調查處理時，應衡酌雙方當事人之權力差距。

第 31 條　學校或主管機關性別平等教育委員會應於受理申請或檢舉後二個月內完成調查。必要時，得延長之，延長以二次爲限，每次不得逾一個月，並應通知申請人、檢舉人及行爲人。

性別平等教育委員會調查完成後，應將調查報告及處理建議，以書面向其所屬學校或主管機關提出報告。

學校或主管機關應於接獲前項調查報告後二個月內，自行或移送相關權責機關依本法或相關法律或法規規定議處，並將處理之結果，以書面載明事實及理由通知申請人、檢舉人及行爲人。

學校或主管機關爲前項議處前，得要求性別平等教育委員會之代表列席說明。

第 32 條　申請人及行爲人對於前條第三項處理之結果有不服者，得於收到書面通知次日起二十日內，以書面具明理由向學校或主管機關申復。

前項申復以一次爲限。

學校或主管機關發現調查程序有重大瑕疵或有足以影響原調查認定之新事實、新證據時，得要求性別平等教育委員會重新調查。

第 33 條　性別平等教育委員會於接獲前條學校或主管機關重新調查之要求時，應另組調查小組；其調查處理程序，依本法之相關規定。

第 34 條　申請人或行爲人對學校或主管機關之申復結果不服，得於接獲書面通知書之次日起三十日內，依下列規定提起救濟：

一、公私立學校校長、教師：依教師法之規定。

二、公立學校依公務人員任用法任用之職員及中華民國七十四年五月三日教育人員任用條例施行前未納入銓敘之職員：依公務人員保障法之規定。

三、私立學校職員：依性別工作平等法之規定。

四、公私立學校工友：依性別工作平等法之規定。

五、公私立學校學生：依規定向所屬學校提起申訴。

第 35 條　學校及主管機關對於與本法事件有關之事實認定，應依據其所設性別平等教育委員會之調查報告。

法院對於前項事實之認定，應審酌各級性別平等教育委員會之調查報告。

第六章　罰則

第 36 條　學校違反第十三條、第十四條、第十四條之一、第十六條、第二十條第二項、第二十二條第二項或第二十七條第三項規定者，應處新臺幣一萬元以上十萬元以下罰鍰。

行爲人違反第三十條第四項規定而無正當理由者，由學校報請主管機關處新臺幣一萬元以上五萬元以下罰鍰，並得連續處罰至其配合或提供相關資料爲止。

學校校長、教師、職員或工友有下列情形之一者，處新臺幣三萬元以上十五萬元以下罰鍰：

一、違反第二十一條第一項規定，未於二十四小時內，向學校及當地直轄市、縣（市）主管機關通報。

二、違反第二十一條第二項規定，僞造、變造、湮滅或隱匿他人所犯校園性騷擾或性霸凌事件之證據。

第 36-1 條　學校校長、教師、職員或工友違反第二十一條第一項所定疑似校園性侵害事件之通報規定，致再度發生校園性侵害事件；或僞造、變造、湮滅或隱匿他人所犯校園性侵害事件之證據者，應依法予以解聘或免職。

學校或主管機關對違反前項規定之人員，應依法告發。

第七章　附則

第 37 條　本法施行細則，由中央主管機關定之。

第 38 條　本法施行日期，除中華民國一百年六月七日修正之條文，由行政院定之外，自公布日施行。

附錄三：性侵害防治中心面臨的問題

取自兒童性侵害防治國民小學教師在職進修網，http://childsafe.isu.edu.tw/d/d10.asp

1. 人力不足。
2. 性侵害防治中心無法依法規定編製專職人員編，僅採用借調或兼職人員。
3. 工作負荷量高（二十四小時待命接聽電話、假日上班、每位工作人員負責個案超過百人）。
4. 高度離職率、流動率；因人員流動頻繁，長期後續工作難以傳承。
5. 服務品質。
6. 性侵害防治中心任務編組（如社政、警政、衛生、教育等）形同虛設，並無執行。
7. 專業知能缺乏。
8. 經費不足，無法提供完善服務。
9. 社會資源缺乏（如庇護服務）。
10. 性侵害的相關法案（如家暴法）未見整合，且行政單位也未整合。
11. 配套措施的執行不易，保密工作、被害兒童的人身安全等。
12. 執行保護令的警察人力不足，未能確實保障被害兒童的安全。
13. 保護令有效期限內，無法處置加害人。
14. 輔導治療加害人心理行為的專業工作者缺乏。
15. 各領域專業工作人員的合作模式也未成熟（如檢警、醫療、社工、諮商等）。
16. 在處理家庭亂倫事件，警察多半採息事寧人的態度，當事人家人多採「家醜不可外揚」的心理，不與專業人員合作或採避不見面方式。
17. 中心工作人員或社工師受加害人的威脅恐嚇，未能有具體保護方案。
18. 城鄉資源的差距。
19. 法規與一般人觀念落差大。

20. 性侵害防治中心管轄地區幅員過大。
21. 專業人力質與量的問題。
22. 地方民代介入，爲加害人代言求情，成爲其「喉舌」。
23. 缺乏長期輔導治療的專業工作者。
24. 人力不足，無法落實加害人的追蹤輔導與治療工作。
25. 工作人員辦理行政工作、開會、處理個案、研習宣導、填報表格問卷，分身乏術。
26. 緊急安置上有困難，且安置期限不足。
27. 強制矯治的醫療機構無強制力。
28. 騷擾、恐嚇、精神虐待、性無能者的侵犯舉證困難。
29. 受害兒童基於血緣關係，不願配合司法行動。

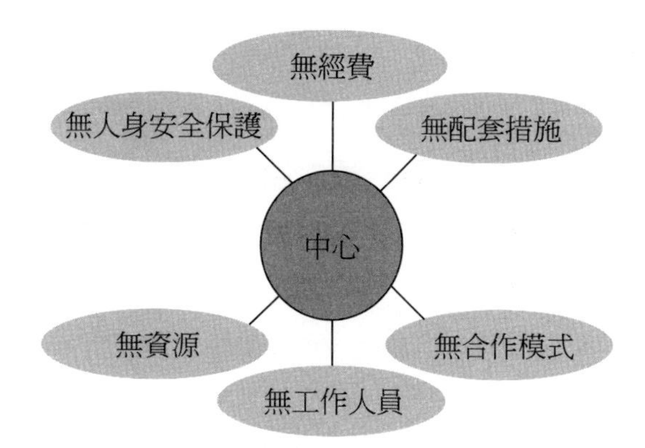

附錄四：家庭暴力防治法

1. 中華民國87年6月24日總統（87）華總（一）義字第8700122820號令制定公布全文54條；本法自公布日施行，第二章至第四章、第五章第40條、第41條、第六章自公布後一年施行
2. 中華民國96年3月28日總統華總一義字第09600037771號令修正公布全文66條；並自公布日施行
3. 中華民國97年1月9日總統華總一義字第09700002251號令修正公布第10條條文
4. 中華民國98年4月22日總統華總一義字第09800097681號令修正公布第50條條文
5. 中華民國98年4月29日總統華總一義字第09800105851號令修正公布第58條條文

第一章　通則

第 1 條　爲防治家庭暴力行爲及保護被害人權益，特制定本法。

第 2 條　本法用詞定義如下：

一、家庭暴力：指家庭成員間實施身體或精神上不法侵害之行爲。

二、家庭暴力罪：指家庭成員間故意實施家庭暴力行爲而成立其他法律所規定之犯罪。

三、騷擾：指任何打擾、警告、嘲弄或辱罵他人之言語、動作或製造使人心生畏怖情境之行爲。

四、跟蹤：指任何以人員、車輛、工具、設備或其他方法持續性監視、跟追之行爲。

五、加害人處遇計畫：指對於加害人實施之認知教育輔導、心理輔導、精神治療、戒癮治療或其他輔導、治療。

第 3 條　本法所定家庭成員，包括下列各員及其未成年子女：

一、配偶或前配偶。

二、現有或曾有同居關係、家長家屬或家屬間關係者。

三、現爲或曾爲直系血親或直系姻親。

四、現爲或曾爲四親等以內之旁系血親或旁系姻親。

第 4 條　本法所稱主管機關：在中央爲內政部；在直轄市爲直轄市政府；在縣（市）爲縣（市）政府。

第 5 條　中央主管機關應辦理下列事項：

一、研擬家庭暴力防治法規及政策。

二、協調、督導有關機關家庭暴力防治事項之執行。

三、提高家庭暴力防治有關機構之服務效能。

四、督導及推展家庭暴力防治教育。

五、協調被害人保護計畫及加害人處遇計畫。

六、協助公立、私立機構建立家庭暴力處理程序。

七、統籌建立、管理家庭暴力電子資料庫，供法官、檢察官、警察、醫師、護理人員、心理師、社會工作人員及其他政府機關使用，並對被害人之身分予以保密。

八、協助地方政府推動家庭暴力防治業務，並提供輔導及補助。

九、其他家庭暴力防治有關事項。

中央主管機關辦理前項事項，應遴聘（派）學者專家、民間團體及相關機關代表提供諮詢，其中學者專家、民間團體代表之人數，不得少於總數二分之一；且其女性代表人數不得少於總數二分之一。

第一項第七款規定電子資料庫之建立、管理及使用辦法，由中央主管機關定之。

第 6 條　中央主管機關爲加強推動家庭暴力及性侵害相關工作，得設置家庭暴力及性侵害防治基金；其收支保管及運用辦法，由行政院定之。

第 7 條　直轄市、縣（市）主管機關為協調、研究、審議、諮詢、督導、考核及推動家庭暴力防治工作，應設家庭暴力防治委員會；其組織及會議事項，由直轄市、縣（市）主管機關定之。

第 8 條　直轄市、縣（市）主管機關應整合所屬警政、教育、衛生、社政、民政、戶政、勞工、新聞等機關、單位業務及人力，設立家庭暴力防治中心，並協調司法相關機關，辦理下列事項：

一、提供二十四小時電話專線服務。

二、提供被害人二十四小時緊急救援、協助診療、驗傷、採證及緊急安置。

三、提供或轉介被害人心理輔導、經濟扶助、法律服務、就學服務、住宅輔導，並以階段性、支持性及多元性提供職業訓練與就業服務。

四、提供被害人及其未成年子女短、中、長期庇護安置。

五、轉介被害人身心治療及諮商。

六、轉介加害人處遇及追蹤輔導。

七、追蹤及管理轉介服務案件。

八、推廣各種教育、訓練及宣導。

九、其他家庭暴力防治有關之事項。

前項中心得與性侵害防治中心合併設立，並應配置社工、警察、衛生及其他相關專業人員；其組織，由直轄市、縣（市）主管機關定之。

第二章　民事保護令

第一節　聲請及審理

第 9 條　民事保護令（以下簡稱保護令）分為通常保護令、暫時保護令及緊急保護令。

第 10 條　被害人得向法院聲請通常保護令、暫時保護令；被害人為未成年人、身心障礙者或因故難以委任代理人者，其法定代理人、三親等以內之血親或姻親，得為其向法院聲請之。

檢察官、警察機關或直轄市、縣（市）主管機關得向法院聲請保護令。

保護令之聲請、撤銷、變更、延長及抗告，均免徵裁判費，並準用民事訴訟法第七十七條之二十三第四項規定。

第 11 條　保護令之聲請，由被害人之住居所地、相對人之住居所地或家庭暴力發生地之法院管轄。

第 12 條　保護令之聲請，應以書面為之。但被害人有受家庭暴力之急迫危險者，檢察官、警察機關或直轄市、縣（市）主管機關，得以言詞、電信傳真或其他科技設備傳送之方式聲請緊急保護令，並得於夜間或休息日為之。

前項聲請得不記載聲請人或被害人之住居所，僅記載其送達處所。

法院為定管轄權，得調查被害人之住居所。經聲請人或被害人要求保密被害人之住居所，法院應以秘密方式訊問，將該筆錄及相關資料密封，並禁止閱覽。

第 13 條　聲請保護令之程式或要件有欠缺者，法院應以裁定駁回之。但其情形可以補正者，應定期間先命補正。

法院得依職權調查證據，必要時得隔別訊問。

前項隔別訊問，必要時得依聲請或依職權在法庭外為之，或採有聲音及影像相互傳送之科技設備或其他適當隔離措施。

被害人得於審理時，聲請其親屬或個案輔導之社工人員、心理師陪同被害人在場，並得陳述意見。

保護令事件之審理不公開。

法院於審理終結前，得聽取直轄市、縣（市）主管機關或社會福利機構之意見。

保護令事件不得進行調解或和解。

法院受理保護令之聲請後，應即行審理程序，不得以當事人間有其他案件偵查或訴訟繫屬為由，延緩核發保護令。

第 14 條　法院於審理終結後，認有家庭暴力之事實且有必要者，應依聲請或依職權核發包括下列一款或數款之通常保護令：

一、禁止相對人對於被害人或其特定家庭成員實施家庭暴力。

二、禁止相對人對於被害人為騷擾、接觸、跟蹤、通話、通信或其他非必要之聯絡行為。

三、命相對人遷出被害人之住居所；必要時，並得禁止相對人就該不動產為使用、收益或處分行為。

四、命相對人遠離下列場所特定距離：被害人之住居所、學校、工作場所或其他被害人或其特定家庭成員經常出入之特定場所。

五、定汽車、機車及其他個人生活上、職業上或教育上必需品之使用權；必要時，並得命交付之。

六、定暫時對未成年子女權利義務之行使或負擔，由當事人之一方或雙方共同任之、行使或負擔之內容及方法；必要時，並得命交付子女。

七、定相對人對未成年子女會面交往之時間、地點及方式；必要時，並得禁止會面交往。

八、命相對人給付被害人住居所之租金或被害人及其未成年子女之扶養費。

九、命相對人交付被害人或特定家庭成員之醫療、輔導、庇護所或財物損害等費用。

十、命相對人完成加害人處遇計畫。

十一、命相對人負擔相當之律師費用。

十二、禁止相對人查閱被害人及受其暫時監護之未成年子女戶籍、學籍、所得來源相關資訊。

十三、命其他保護被害人或其特定家庭成員之必要命令。

法院為前項第十款之裁定前，得命相對人接受有無必要施以處遇計畫之鑑定。

第 15 條　通常保護令之有效期間爲一年以下，自核發時起生效。

通常保護令失效前，法院得依當事人或被害人之聲請撤銷、變更或延長之。延長之期間爲一年以下，並以一次爲限。

通常保護令所定之命令，於期間屆滿前經法院另爲裁判確定者，該命令失其效力。

第 16 條　法院核發暫時保護令或緊急保護令，得不經審理程序。

法院爲保護被害人，得於通常保護令審理終結前，依聲請核發暫時保護令。

法院核發暫時保護令或緊急保護令時，得依聲請或依職權核發第十四條第一項第一款至第六款、第十二款及第十三款之命令。

法院於受理緊急保護令之聲請後，依聲請人到庭或電話陳述家庭暴力之事實，足認被害人有受家庭暴力之急迫危險者，應於四小時內以書面核發緊急保護令，並得以電信傳眞或其他科技設備傳送緊急保護令予警察機關。

聲請人於聲請通常保護令前聲請暫時保護令或緊急保護令，其經法院准許核發者，視爲已有通常保護令之聲請。

暫時保護令、緊急保護令自核發時起生效，於聲請人撤回通常保護令之聲請、法院審理終結核發通常保護令或駁回聲請時失其效力。

暫時保護令、緊急保護令失效前，法院得依當事人或被害人之聲請或依職權撤銷或變更之。

第 17 條　命相對人遷出被害人住居所或遠離被害人之保護令，不因被害人同意相對人不遷出或不遠離而失其效力。

第 18 條　保護令除緊急保護令外，應於核發後二十四小時內發送當事人、被害人、警察機關及直轄市、縣（市）主管機關。

直轄市、縣（市）主管機關應登錄法院所核發之保護令，並供司法及其他執行保護令之機關查閱。

第 19 條　法院應提供被害人或證人安全出庭之環境與措施。

直轄市、縣（市）主管機關應於所在地地方法院自行或委託民間團體設置家庭暴力事件服務處所，法院應提供場所、必要之軟硬體設備及其他相關協助。但離島法院有礙難情形者，不在此限。

第 20 條　關於保護令之裁定，除有特別規定者外，得爲抗告。

保護令之程序，除本章別有規定外，準用非訟事件法有關規定；非訟事件法未規定者，準用民事訴訟法有關規定。

第二節　執行

第 21 條　保護令核發後，當事人及相關機關應確實遵守，並依下列規定辦理：

一、不動產之禁止使用、收益或處分行爲及金錢給付之保護令，得爲強制執行名義，由被害人依強制執行法聲請法院強制執行，並暫免徵收執行費。

二、於直轄市、縣（市）主管機關所設處所爲未成年子女會面交往，及由直轄市、縣（市）主管機關或其所屬人員監督未成年子女會面交往之保護令，由相對人向直轄市、縣（市）主管機關申請執行。

三、完成加害人處遇計畫之保護令，由直轄市、縣（市）主管機關執行之。

四、禁止查閱相關資訊之保護令，由被害人向相關機關申請執行。

五、其他保護令之執行，由警察機關爲之。

前項第二款及第三款之執行，必要時得請求警察機關協助之。

第 22 條　警察機關應依保護令，保護被害人至被害人或相對人之住居所，確保其安全占有住居所、汽車、機車或其他個人生活上、職業上或教育上必需品。

前項汽車、機車或其他個人生活上、職業上或教育上必需品，相對人應依保護令交付而未交付者，警察機關得依被害人之請求，進入住宅、建築物或其他標的物所在處所解除相對人之占有或扣留取交被害人。

第 23 條　前條所定必需品，相對人應一併交付有關證照、書據、印章或其他憑證而未交付者，警察機關得將之取交被害人。

前項憑證取交無著時，其屬被害人所有者，被害人得向相關主管機關申請變更、註銷或補行發給；其屬相對人所有而爲行政機關製發者，被害人得請求原核發機關發給保護令有效期間之代用憑證。

第 24 條　義務人不依保護令交付未成年子女時，權利人得聲請警察機關限期命義務人交付，屆期未交付者，命交付未成年子女之保護令得爲強制執行名義，由權利人聲請法院強制執行，並暫免徵收執行費。

第 25 條　義務人不依保護令之內容辦理未成年子女之會面交往時，執行機關或權利人得依前條規定辦理，並得向法院聲請變更保護令。

第 26 條　當事人之一方依第十四條第一項第六款規定取得暫時對未成年子女權利義務之行使或負擔者，得持保護令逕向戶政機關申請未成年子女戶籍遷徙登記。

第 27 條　當事人或利害關係人對於執行保護令之方法、應遵行之程序或其他侵害利益之情事，得於執行程序終結前，向執行機關聲明異議。

前項聲明異議，執行機關認其有理由者，應即停止執行並撤銷或更正已爲之執行行爲；認其無理由者，應於十日內加具意見，送原核發保護令之法院裁定之。

對於前項法院之裁定，不得抗告。

第 28 條　外國法院關於家庭暴力之保護令，經聲請中華民國法院裁定承認後，得執行之。

當事人聲請法院承認之外國法院關於家庭暴力之保護令，有民事訴訟法第四百零二條第一項第一款至第三款所列情形之一者，法院應駁回其聲請。

外國法院關於家庭暴力之保護令，其核發地國對於中華民國法院之保護令不予承認者，法院得駁回其聲請。

第三章　刑事程序

第 29 條　警察人員發現家庭暴力罪之現行犯時，應逕行逮捕之，並依刑事訴訟法第九十二條規定處理。

檢察官、司法警察官或司法警察偵查犯罪認被告或犯罪嫌疑人犯家庭暴力罪或違反保護令罪嫌疑重大，且有繼續侵害家庭成員生命、身體或自由之危險，而情況急迫者，得逕行拘提之。

前項拘提，由檢察官親自執行時，得不用拘票；由司法警察官或司法警察執行時，以其急迫情形不及報請檢察官者爲限，於執行後，應即報請檢察官簽發拘票。如檢察官不簽發拘票時，應即將被拘提人釋放。

第 30 條　檢察官、司法警察官或司法警察依前條第二項、第三項規定逕行拘提或簽發拘票時，應審酌一切情狀，尤應注意下列事項：

一、被告或犯罪嫌疑人之暴力行爲已造成被害人身體或精神上傷害或騷擾，不立即隔離者，被害人或其家庭成員生命、身體或自由有遭受侵害之危險。

二、被告或犯罪嫌疑人有長期連續實施家庭暴力或有違反保護令之行爲、酗酒、施用毒品或濫用藥物之習慣。

三、被告或犯罪嫌疑人有利用兇器或其他危險物品恐嚇或施暴行於被害人之紀錄，被害人有再度遭受侵害之虞者。

四、被害人爲兒童、少年、老人、身心障礙或具有其他無法保護自身安全之情形。

第 31 條　家庭暴力罪或違反保護令罪之被告經檢察官或法院訊問後，認無羈押之必要，而命具保、責付、限制住居或釋放者，得附下列一款或數款條件命被告遵守：

一、禁止實施家庭暴力。

二、禁止對被害人為騷擾、接觸、跟蹤、通話、通信或其他非必要之聯絡行為。

三、遷出被害人之住居所。

四、遠離下列場所特定距離：被害人之住居所、學校、工作場所或其他被害人或其特定家庭成員經常出入之特定場所。

五、其他保護被害人或其特定家庭成員安全之事項。

前項所附條件有效期間自具保、責付、限制住居或釋放時起生效，至刑事訴訟終結時為止，最長不得逾一年。

檢察官或法院得依當事人之聲請或依職權撤銷或變更依第一項規定所附之條件。

第 32 條　被告違反檢察官或法院依前條第一項規定所附之條件者，檢察官或法院得撤銷原處分，另為適當之處分；如有繳納保證金者，並得沒入其保證金。

被告違反檢察官或法院依前條第一項第一款所定應遵守之條件，犯罪嫌疑重大，且有事實足認被告有反覆實施家庭暴力行為之虞，而有羈押之必要者，得依刑事訴訟法第一百零一條之一之規定，偵查中檢察官得聲請法院羈押之；審判中法院得命羈押之。

第 33 條　第三十一條及前條第一項規定，於羈押中之被告，經法院裁定停止羈押者，準用之。

停止羈押之被告違反法院依前項規定所附之條件者，法院於認有羈押必要時，得命再執行羈押。

第 34 條　檢察官或法院為第三十一條第一項及前條第一項之附條件處分或裁定時，應以書面為之，並送達於被告及被害人。

第 35 條　警察人員發現被告違反檢察官或法院依第三十一條第一項、第三十三條第一項規定所附之條件者，應即報告檢察官或法院。第二十九條規定，於本條情形，準用之。

第 36 條　對被害人之訊問或詰問，得依聲請或依職權在法庭外為之，或採取適當隔離措施。

第 37 條　對於家庭暴力罪或違反保護令罪案件所爲之起訴書、不起訴處分書、緩起訴處分書、撤銷緩起訴處分書、裁定書或判決書，應送達於被害人。

第 38 條　犯家庭暴力罪或違反保護令罪而受緩刑之宣告者，在緩刑期內應付保護管束。

法院爲前項緩刑宣告時，得命被告於付緩刑保護管束期間內，遵守下列一款或數款事項：

一、禁止實施家庭暴力。

二、禁止對被害人爲騷擾、接觸、跟蹤、通話、通信或其他非必要之聯絡行爲。

三、遷出被害人之住居所。

四、遠離下列場所特定距離：被害人之住居所、學校、工作場所或其他被害人或其特定家庭成員經常出入之特定場所。

五、完成加害人處遇計畫。

六、其他保護被害人或其特定家庭成員安全之事項。

法院依前項第五款規定，命被告完成加害人處遇計畫前，得準用第十四條第二項規定。

法院爲第一項之緩刑宣告時，應即通知被害人及其住居所所在地之警察機關。

受保護管束人違反第二項保護管束事項情節重大者，撤銷其緩刑之宣告。

第 39 條　前條規定，於受刑人經假釋出獄付保護管束者，準用之。

第 40 條　檢察官或法院依第三十一條第一項、第三十三條第一項、第三十八條第二項或前條規定所附之條件，得通知直轄市、縣（市）主管機關或警察機關執行之。

第 41 條　法務部應訂定並執行家庭暴力罪或違反保護令罪受刑人之處遇計畫。

前項計畫之訂定及執行之相關人員，應接受家庭暴力防治教育及訓練。

第 42 條　監獄長官應將家庭暴力罪或違反保護令罪受刑人預定出獄之日期或脫逃之事實通知被害人。但被害人之所在不明者，不在此限。

第四章　父母子女

第 43 條　法院依法為未成年子女酌定或改定權利義務之行使或負擔之人時，對已發生家庭暴力者，推定由加害人行使或負擔權利義務不利於該子女。

第 44 條　法院依法為未成年子女酌定或改定權利義務之行使或負擔之人或會面交往之裁判後，發生家庭暴力者，法院得依被害人、未成年子女、直轄市、縣（市）主管機關、社會福利機構或其他利害關係人之請求，為子女之最佳利益改定之。

第 45 條　法院依法准許家庭暴力加害人會面交往其未成年子女時，應審酌子女及被害人之安全，並得為下列一款或數款命令：

一、於特定安全場所交付子女。

二、由第三人或機關、團體監督會面交往，並得定會面交往時應遵守之事項。

三、完成加害人處遇計畫或其他特定輔導為會面交往條件。

四、負擔監督會面交往費用。

五、禁止過夜會面交往。

六、準時、安全交還子女，並繳納保證金。

七、其他保護子女、被害人或其他家庭成員安全之條件。

法院如認有違背前項命令之情形，或准許會面交往無法確保被害人或其子女之安全者，得依聲請或依職權禁止之。如違背前項第六款命令，並得沒入保證金。

法院於必要時，得命有關機關或有關人員保密被害人或子女住居所。

第 46 條　直轄市、縣（市）主管機關應設未成年子女會面交往處所或委託其他機關（構）、團體辦理。

前項處所，應有受過家庭暴力安全及防制訓練之人員；其設置、監督會面交往與交付子女之執行及收費規定，由直轄市、縣（市）主管機關定之。

第 47 條　法院於訴訟或調解程序中如認為有家庭暴力之情事時，不得進行和解或調解。但有下列情形之一者，不在此限：

一、行和解或調解之人曾受家庭暴力防治之訓練並以確保被害人安全之方式進行和解或調解。

二、准許被害人選定輔助人參與和解或調解。

三、其他行和解或調解之人認為能使被害人免受加害人脅迫之程序。

第五章　預防及處遇

第 48 條　警察人員處理家庭暴力案件，必要時應採取下列方法保護被害人及防止家庭暴力之發生：

一、於法院核發緊急保護令前，在被害人住居所守護或採取其他保護被害人或其家庭成員之必要安全措施。

二、保護被害人及其子女至庇護所或醫療機構。

三、告知被害人其得行使之權利、救濟途徑及服務措施。

警察人員處理家庭暴力案件，應製作書面紀錄；其格式，由中央警政主管機關定之。

第 49 條　醫事人員、社會工作人員、臨床心理人員、教育人員及保育人員為防治家庭暴力行為或保護家庭暴力被害人之權益，有受到身體或精神上不法侵害之虞者，得請求警察機關提供必要之協助。

第 50 條　醫事人員、社會工作人員、臨床心理人員、教育人員、保育人員、警察人員、移民業務人員及其他執行家庭暴力防治人員，在執行職務時知有疑似家庭暴力情事者，應立即通報當地主管機關，至遲不得逾二十四小時。

前項通報之方式及內容，由中央主管機關定之；通報人之身分資料，應予保密。

主管機關接獲通報後，應即行處理；必要時得自行或委請其他機關（構）、團體進行訪視、調查。

主管機關或受其委請之機關（構）或團體進行訪視、調查時，得請求警察機關、醫療（事）機構、學校或其他相關機關（構）協助，被請求者應予配合。

第 51 條 直轄市、縣（市）主管機關對於撥打依第八條第一項第一款設置之二十四小時電話專線者，於有下列情形之一時，得追查其電話號碼及地址：

一、爲免除當事人之生命、身體、自由或財產上之急迫危險。

二、爲防止他人權益遭受重大危害而有必要。

三、無正當理由撥打專線電話，致妨害公務執行。

四、其他爲增進公共利益或防止危害發生。

第 52 條 醫療機構對於家庭暴力之被害人，不得無故拒絕診療及開立驗傷診斷書。

第 53 條 衛生主管機關應擬訂及推廣有關家庭暴力防治之衛生教育宣導計畫。

第 54 條 中央衛生主管機關應訂定家庭暴力加害人處遇計畫規範；其內容包括下列各款：

一、處遇計畫之評估標準。

二、司法機關、家庭暴力被害人保護計畫之執行機關（構）、加害人處遇計畫之執行機關（構）間之連繫及評估制度。

三、執行機關（構）之資格。

中央衛生主管機關應會同相關機關負責家庭暴力加害人處遇計畫之推動、發展、協調、督導及其他相關事宜。

第 55 條 加害人處遇計畫之執行機關（構）得爲下列事項：

一、將加害人接受處遇情事告知司法機關、被害人及其辯護人。

二、調閱加害人在其他機構之處遇資料。

三、將加害人之資料告知司法機關、監獄監務委員會、家庭暴力防治中心及其他有關機構。

加害人有不接受處遇計畫、接受時數不足或不遵守處遇計畫內容及恐嚇、施暴等行爲時，加害人處遇計畫之執行機關（構）應告知直轄市、縣（市）主管機關；必要時並得通知直轄市、縣（市）主管機關協調處理。

第 56 條　直轄市、縣（市）主管機關應製作家庭暴力被害人權益、救濟及服務之書面資料，供被害人取閱，並提供醫療機構及警察機關使用。

醫事人員執行業務時，知悉其病人爲家庭暴力被害人時，應將前項資料交付病人。

第一項資料，不得記明庇護所之地址。

第 57 條　直轄市、縣（市）主管機關應提供醫療機構、公、私立國民小學及戶政機關家庭暴力防治之相關資料，俾醫療機構、公、私立國民小學及戶政機關將該相關資料提供新生兒之父母、辦理小學新生註冊之父母、辦理結婚登記之新婚夫妻及辦理出生登記之人。

前項資料內容應包括家庭暴力對於子女及家庭之影響及家庭暴力之防治服務。

第 58 條　直轄市、縣（市）主管機關得核發家庭暴力被害人下列補助：

一、緊急生活扶助費用。

二、非屬全民健康保險給付範圍之醫療費用及身心治療、諮商與輔導費用。

三、訴訟費用及律師費用。

四、安置費用、房屋租金費用。

五、子女教育、生活費用及兒童托育費用。

六、其他必要費用。

前項補助對象、條件及金額等事項規定，由直轄市、縣（市）主管機關定之。

家庭暴力被害人年滿二十歲者，得申請創業貸款；其申請資格、程序、利息補助金額、名額及期限等，由中央目的事業主管機關定之。

第 59 條　社會行政主管機關應辦理社會工作人員、保母人員、保育人員及其他相關社會行政人員防治家庭暴力在職教育。

警政主管機關應辦理警察人員防治家庭暴力在職教育。

司法院及法務部應辦理相關司法人員防治家庭暴力在職教育。

衛生主管機關應辦理或督促相關醫療團體辦理醫護人員防治家庭暴力在職教育。

教育主管機關應辦理學校之輔導人員、行政人員、教師及學生防治家庭暴力在職教育及學校教育。

第 60 條　各級中小學每學年應有四小時以上之家庭暴力防治課程，但得於總時數不變下，彈性安排於各學年實施。

第六章　罰則

第 61 條　違反法院依第十四條第一項、第十六條第三項所為之下列裁定者，為本法所稱違反保護令罪，處三年以下有期徒刑、拘役或科或併科新臺幣十萬元以下罰金：

一、禁止實施家庭暴力。

二、禁止騷擾、接觸、跟蹤、通話、通信或其他非必要之聯絡行為。

三、遷出住居所。

四、遠離住居所、工作場所、學校或其他特定場所。

五、完成加害人處遇計畫。

第 62 條　違反第五十條第一項規定者，由直轄市、縣（市）主管機關處新臺幣六千元以上三萬元以下罰鍰。但醫事人員為避免被害人身體緊急危難而違反者，不罰。

違反第五十二條規定者，由直轄市、縣（市）主管機關處新臺幣六千元以上三萬元以下罰鍰。

第 63 條　違反第五十一條第三款規定，經勸阻不聽者，直轄市、縣（市）主管機關得處新臺幣三千元以上一萬五千元以下罰鍰。

第七章　附則

第 64 條　行政機關執行保護令及處理家庭暴力案件辦法，由中央主管機關定之。

第 65 條　本法施行細則，由中央主管機關定之。

第 66 條　本法自公布日施。

附錄五：家事事件法

中華民國101年1月11日總統華總一義字第10100003641號令制定公布全文200條；施行日期，由司法院定之

中華民國101年2月29日司法院院台廳少家二字第1010005509號令發布自101年6月1日施行

第一編　總則

第 1 條　爲妥適、迅速、統合處理家事事件，維護人格尊嚴、保障性別地位平等、謀求未成年子女最佳利益，並健全社會共同生活，特制定本法。

第 2 條　本法所定家事事件由少年及家事法院處理之；未設少年及家事法院地區，由地方法院家事法庭處理之。

第 3 條　下列事件爲甲類事件：

一、確認婚姻無效、婚姻關係存在或不存在事件。

二、確定母再婚後所生子女生父事件。

三、確認親子關係存在或不存在事件。

四、確認收養關係存在或不存在事件。

下列事件爲乙類事件：

一、撤銷婚姻事件。

二、離婚事件。

三、否認子女、認領子女事件。

四、撤銷收養、撤銷終止收養事件。

下列事件爲丙類事件：

一、因婚約無效、解除、撤銷、違反婚約之損害賠償、返還婚約贈與物事件。

二、因婚姻無效、撤銷婚姻、離婚、婚姻消滅之損害賠償事件。

三、夫妻財產之補償、分配、分割、取回、返還及其他因夫妻財產關係所生請求事件。

四、因判決終止收養關係給與相當金額事件。

五、因監護所生損害賠償事件。

六、因繼承回復、遺產分割、特留分、遺贈、確認遺囑眞僞或其他繼承關係所生請求事件。

下列事件爲丁類事件：

一、宣告死亡事件。

二、撤銷死亡宣告事件。

三、失蹤人財產管理事件。

四、監護或輔助宣告事件。

五、撤銷監護或輔助宣告事件。

六、定監護人、選任特別代理人事件。

七、認可收養或終止收養、許可終止收養事件。

八、親屬會議事件。

九、拋棄繼承、無人承認繼承及其他繼承事件。

十、指定遺囑執行人事件。

十一、兒童、少年或身心障礙者保護安置事件。

十二、停止緊急安置或強制住院事件。

十三、民事保護令事件。

下列事件爲戊類事件：

一、因婚姻無效、撤銷或離婚之給與贍養費事件。

二、夫妻同居事件。

三、指定夫妻住所事件。

四、報告夫妻財產狀況事件。

五、給付家庭生活費用事件。

六、宣告改用分別財產制事件。

七、變更子女姓氏事件。

八、定對於未成年子女權利義務之行使負擔事件。

九、交付子女事件。

十、宣告停止親權或監護權及撤銷其宣告事件。

十一、監護人報告財產狀況及監護人報酬事件。

十二、扶養事件。

十三、宣告終止收養關係事件。

其他應由法院處理之家事事件，除法律別有規定外，適用本法之規定。

第 4 條 少年及家事法院就其受理事件之權限，與非少年及家事法院確定裁判之見解有異時，如當事人合意由少年及家事法院處理者，依其合意。

前項合意，應記明筆錄或以文書證之。

第 5 條 家事事件之管轄，除本法別有規定外，準用非訟事件法有關管轄之規定；非訟事件法未規定者，準用民事訴訟法有關管轄之規定。

第 6 條 法院受理家事事件之全部或一部不屬其管轄者，除當事人有管轄之合意外，應依聲請或依職權以裁定移送於其管轄法院。但法院爲統合處理事件認有必要，或當事人已就本案爲陳述者，得裁定自行處理。

法院受理有管轄權之事件，爲統合處理事件之必要，經當事人合意者，得依聲請以裁定移送於相關家事事件繫屬中之其他法院。

對於前項移送之裁定，得爲抗告。

移送之聲請被駁回者，不得聲明不服。

移送之裁定確定後，受移送之法院不得以違背專屬管轄爲理由，移送於他法院。法院書記官應速將裁定正本附入卷宗，送交受移送之法院。受移送之法院，應即就該事件爲處理。

第 7 條 同一地區之少年及家事法院與地方法院處理權限之劃分，除本法及其他法令別有規定外，由司法院定之。

同一地方法院家事法庭與民事庭之事務分配，由司法院定之。

第 8 條　處理家事事件之法官，應遴選具有性別平權意識、尊重多元文化並有相關學識、經驗及熱忱者任之。

前項法官之遴選資格、遴選方式、任期及其他有關事項，由司法院定之。

第 9 條　家事事件之處理程序，以不公開法庭行之。但有下列各款情形之一者，審判長或法官應許旁聽：

一、經當事人合意，並無妨礙公共秩序或善良風俗之虞。

二、經有法律上利害關係之第三人聲請。

三、法律別有規定。

審判長或法官認為適當時，得許就事件無妨礙之人旁聽。

第 10 條　法院審理家事事件認有必要時，得斟酌當事人所未提出之事實，並依職權調查證據。但法律別有規定者，不在此限。

離婚、終止收養關係、分割遺產或其他當事人得處分之事項，準用民事訴訟法第二編第一章第二節有關爭點簡化協議、第三節有關事實證據之規定。但有下列各款情形之一者，適用前項之規定：

一、涉及家庭暴力或有危害未成年子女利益之虞。

二、有害當事人或關係人人格權之虞。

三、當事人自認及不爭執之事實顯與事實不符。

四、依其他情形顯失公平。

第一項情形，法院應使當事人或關係人有辯論或陳述意見之機會。

第 11 條　未成年人、受監護或輔助宣告之人，表達意願或陳述意見時，必要者，法院應通知直轄市、縣（市）主管機關指派社會工作人員或其他適當人員陪同在場，並得陳述意見。

前項情形，法院得隔別為之，並提供友善環境、採取適當及必要措施，保護意見陳述者及陪同人員之隱私及安全。

第 12 條　當事人、證人或鑑定人之所在處所與法院間有聲音及影像相互傳送之科技設備而得直接審理者，法院認為必要時，得依聲請以該設備為之。

前項情形，其期日通知書記載之應到處所為該設備所在處所。

依第一項進行程序之筆錄及其他文書，須受訊問人簽名者，由訊問端法院傳送至受訊問人所在處所，經受訊問人確認內容並簽名後，將筆錄以電信傳真或其他科技設備傳回訊問端法院。

法院依第一項規定審理時，準用民事訴訟法第二編第一章第三節第二目、第三目及第五目之一之規定。

第一項之審理及第三項文書傳送之辦法，由司法院定之。

第 13 條　法院處理家事事件，得命當事人或法定代理人本人到場，或依事件之性質，以適當方法命其陳述或訊問之。但法律別有規定者，依其規定。

當事人或法定代理人本人無正當理由，而不從法院之命到場者，準用民事訴訟法第三百零三條之規定。但不得拘提之。

受前項裁定之人經法院合法通知，無正當理由仍不到場者，法院得連續處罰。

受裁定人對於前二項裁定得為抗告；抗告中應停止執行。

第 14 條　能獨立以法律行為負義務者，有程序能力。

滿七歲以上之未成年人，除法律別有規定外，就有關其身分及人身自由之事件，有程序能力。

不能獨立以法律行為負義務，而能證明其有意思能力者，除法律別有規定外，就有關其身分及人身自由之事件，亦有程序能力。

第 15 條　處理家事事件有下列各款情形之一者，法院得依利害關係人聲請或依職權選任程序監理人：

一、無程序能力人與其法定代理人有利益衝突之虞。

二、無程序能力人之法定代理人不能行使代理權，或行使代理權有困難。

三、爲保護有程序能力人之利益認有必要。

前條第二項及第三項情形，法院得依職權選任程序監理人。

法院依前二項選任程序監理人後，認有必要時，得隨時以裁定撤銷或變更之。

法院爲前三項裁定前，應使當事人、法定代理人、被選任人及法院職務上已知之其他利害關係人有陳述意見之機會。但有礙難之情形或恐有害其健康或顯有延滯程序者，不在此限。

第 16 條　法院得就社會福利主管機關、社會福利機構所屬人員，或律師公會、社會工作師公會或其他相類似公會所推薦具有性別平權意識、尊重多元文化，並有處理家事事件相關知識之適當人員，選任爲程序監理人。

程序監理人有爲受監理人之利益爲一切程序行爲之權，並得獨立上訴、抗告或爲其他聲明不服。程序監理人之行爲與有程序能力人之行爲不一致者，以法院認爲適當者爲準。

選任之程序監理人不受審級限制。

法院得依程序監理人聲請，按其職務內容、事件繁簡等一切情況，以裁定酌給酬金，其報酬爲程序費用之一部。

前項酬金，法院於必要時得定期命當事人或利害關係人預納之。但其預納顯有困難者，得由國庫墊付全部或一部。其由法院依職權選任者，亦得由國庫墊付之。

有關程序監理人之選任、酌給酬金、預納費用及國庫墊付辦法，由司法院定之。

第 17 條　法院得囑託警察機關、稅捐機關、金融機構、學校及其他有關機關、團體或具有相關專業知識之適當人士爲必要之調查及查明當事人或關係人之財產狀況。

前項受託者有爲調查之義務。

囑託調查所需必要費用及受託個人請求之酬金，由法院核定，並爲程序費用之一部。

第 18 條　審判長或法官得依聲請或依職權命家事調查官就特定事項調查事實。

家事調查官爲前項之調查，應提出報告。

審判長或法官命爲第一項調查前，應使當事人或利害關係人以言詞或書狀陳述意見。但認爲不必要者，不在此限。

審判長或法官斟酌第二項調查報告書爲裁判前，應使當事人或利害關係人有陳述意見或辯論之機會。但其內容涉及隱私或有不適當之情形者，不在此限。

審判長或法官認爲必要時，得命家事調查官於期日到場陳述意見。

第 19 條　當事人或關係人爲聾、啞人或語言不通者，法院得依聲請或依職權令通譯傳譯之，並得以文字訊問或命以文字陳述。

第 20 條　處理家事事件需支出費用者，法院得定期命當事人預納之。但其預納顯有困難，並爲維護公益應依職權調查證據所需費用，法院得裁定暫免預納其全部或一部，由國庫墊付之。

法院爲程序費用之裁判時，應併確定前項國庫墊付之費用額。

第 21 條　民事訴訟法有關法院職員迴避之規定，於家事調查官及諮詢人員準用之。

第 22 條　本法關於審判長權限之規定，於受命法官行準備程序時準用之。

第二編　調解程序

第 23 條　家事事件除第三條所定丁類事件外，於請求法院裁判前，應經法院調解。

前項事件當事人逕向法院請求裁判者，視爲調解之聲請。但當事人應爲公示送達或於外國爲送達者，不在此限。

除別有規定外，當事人對丁類事件，亦得於請求法院裁判前，聲請法院調解。

第 24 條　關於未成年子女權利義務行使負擔之內容、方法及其身分地位之調解，不得危害未成年子女之利益。

第 25 條　家事調解事件，除別有規定外，由管轄家事事件之法院管轄。

第 26 條　相牽連之數宗家事事件，法院得依聲請或依職權合併調解。

兩造得合意聲請將相牽連之民事事件合併於家事事件調解，並視爲就該民事事件已有民事調解之聲請。

合併調解之民事事件，如已繫屬於法院者，原民事程序停止進行。調解成立時，程序終結；調解不成立時，程序繼續進行。

合併調解之民事事件，如原未繫屬於法院者，調解不成立時，依當事人之意願，移付民事裁判程序或其他程序；其不願移付者，程序終結。

第 27 條　家事事件之調解程序，由法官行之，並得商請其他機構或團體志願協助之。

第 28 條　聲請調解事件，法官認爲依事件性質調解無實益時，應向聲請人發問或曉諭，依聲請人之意願，裁定改用應行之裁判程序或其他程序；其不願改用者，以裁定駁回之。

前項裁定，不得聲明不服。

法官依聲請人之意願，按第一項規定改用裁判程序者，視爲自聲請調解時，已請求法院裁判。

第 29 條　法院得於家事事件程序進行中依職權移付調解；除兩造合意或法律別有規定外，以一次爲限。

前項情形，原程序停止進行。調解成立或第三十三條、第三十六條之裁定確定者，程序終結；調解不成立或未依第三十三條、第三十六條規定裁定或該裁定失其效力者，程序繼續進行。

第 30 條　家事事件之調解，就離婚、終止收養關係、分割遺產或其他得處分之事項，經當事人合意，並記載於調解筆錄時成立。但離婚及終止收養關係之調解，須經當事人本人表明合意，始得成立。

前項調解成立者，與確定裁判有同一之效力。

因調解成立有關身分之事項，依法應辦理登記者，法院應依職權通知該管戶政機關。

調解成立者，原當事人得於調解成立之日起三個月內，聲請退還已繳裁判費三分之二。

第 31 條　當事人兩造於調解期日到場而調解不成立者，法院得依一造當事人之聲請，按該事件應適用之程序，命即進行裁判程序，並視爲自聲請調解時已請求裁判。但他造聲請延展期日者，應許可之。

當事人聲請調解而不成立，如聲請人於調解不成立證明書送達後十日之不變期間內請求裁判者，視爲自聲請調解時已請求裁判；其於送達前請求裁判者亦同。

以裁判之請求視爲調解之聲請者，如調解不成立，除當事人聲請延展期日外，法院應按該事件應適用之程序，命即進行裁判程序，並仍自原請求裁判時，發生程序繫屬之效力。

前三項情形，於有第三十三條或第三十六條所定之聲請或裁定者，不適用之。

調解程序中，當事人所爲之陳述或讓步，於調解不成立後之本案裁判程序，不得採爲裁判之基礎。

前項陳述或讓步，係就程序標的、事實、證據或其他事項成立書面協議者，如爲得處分之事項，當事人應受其拘束。但經兩造同意變更，或因不可歸責於當事人之事由或依其他情形協議顯失公平者，不在此限。

第 32 條　關於家事調解委員之資格、聘任、考核、訓練、解任及報酬等事項，由司法院定之。

家事調解，應聘任具有性別平權意識、尊重多元文化者爲調解委員。

調解程序，除本法另有規定者外，準用民事訴訟法第二編第二章調解程序之規定。

第 33 條　當事人就不得處分之事項，其解決事件之意思已甚接近或對於原因事實之有無不爭執者，得合意聲請法院爲裁定。

法院為前項裁定前，應參酌調解委員之意見及家事調查官之報告，依職權調查事實及必要之證據，並就調查結果使當事人或知悉之利害關係人有陳述意見之機會。當事人聲請辯論者，應予准許。

前二項程序，準用民事訴訟法第一編第二章第三節關於訴訟參加之規定。

第 34 條　法院為前條裁定，應附理由。

當事人對於前條裁定得為抗告，抗告中除別有規定外，應停止執行。

抗告法院之裁定，準用前二項及前條第二項、第三項之規定。

對於抗告法院之裁定，非以其違背法令為理由，不得再為抗告。

前項情形，準用民事訴訟法第四百六十八條、第四百六十九條第一款至第四款、第六款、第四百七十五條及第四百七十六條之規定。

第 35 條　第三十三條裁定確定者，與確定裁判有同一之效力。

前項確定裁定，得準用民事訴訟法第五編之規定，聲請再審。

第一項確定裁定效力所及之第三人，得準用民事訴訟法第五編之一之規定，聲請撤銷原裁定。

第 36 條　就得處分之事項調解不成立，而有下列各款情形之一者，法院應參酌調解委員之意見，平衡當事人之權益，並審酌其主要意思及其他一切情形，就本案為適當之裁定：

一、當事人合意聲請法院為裁定。

二、當事人合意聲請法院與不得處分之牽連、合併或附帶請求事項合併為定。

三、當事人解決事件之意思已甚接近，而僅就其他牽連、合併或附帶之請求事項有爭執，法院認有統合處理之必要，徵詢兩造當事人同意。

前項程序準用第三十三條第二項、第三項、第三十四條及第三十五條之規定。

第三編　家事訴訟程序

第一章　通則

第 37 條　第三條所定甲類、乙類、丙類及其他家事訴訟事件，除別有規定外，適用本編之規定。

第 38 條　起訴，應以訴狀表明下列各款事項，提出於法院爲之：

一、當事人及法定代理人。

二、訴訟標的及其原因事實。

三、應受判決事項之聲明。

訴狀內宜記載下列各款事項：

一、因定法院管轄及其適用程序所必要之事項。

二、準備言詞辯論之事項。

三、當事人間有無共同未成年子女。

四、當事人間有無其他相關事件繫屬於法院。

第 39 條　第三條所定甲類或乙類家事訴訟事件，由訟爭身分關係當事人之一方提起者，除別有規定外，以他方爲被告。

前項事件，由第三人提起者，除別有規定外，以訟爭身分關係當事人雙方爲共同被告；其中一方已死亡者，以生存之他方爲被告。

第 40 條　第三條所定甲類或乙類家事訴訟之結果，於第三人有法律上利害關係者，法院應於事實審言詞辯論終結前相當時期，將訴訟事件及進行程度，以書面通知已知悉之該第三人，並將判決書送達之。

法院爲調查有無前項利害關係人，於必要時，得命當事人提出有關資料或爲其他必要之處分。

第一項受通知人依民事訴訟法第五十八條規定參加訴訟者，準用同法第五十六條之規定。

法律審認有試行和解之必要時，亦得依民事訴訟法第三百七十七條規定，通知有利害關係之第三人參加和解。

第 41 條　數家事訴訟事件，或家事訴訟事件及家事非訟事件請求之基礎事實相牽連者，得向就其中一家事訴訟事件有管轄權之少年及家事法院合併請求，不受民事訴訟法第五十三條及第二百四十八條規定之限制。

前項情形，得於第一審或第二審言詞辯論終結前為請求之變更、追加或為反請求。

依前項情形得為請求之變更、追加或反請求者，如另行請求時，法院為統合處理事件認有必要或經當事人合意者，得依聲請或依職權，移由或以裁定移送家事訴訟事件繫屬最先之第一審或第二審法院合併審理，並準用第六條第三項至第五項之規定。

受移送之法院於移送裁定確定時，已就繫屬之事件為終局裁判者，應就移送之事件自行處理。

前項終局裁判為第一審法院之裁判，並經合法上訴第二審者，受移送法院應將移送之事件併送第二審法院合併審理。

法院就第一項至第三項所定得合併請求、變更、追加或反請求之數宗事件合併審理時，除本法別有規定外，適用合併審理前各該事件原應適用法律之規定為審理。

第 42 條　法院就前條第一項至第三項所定得合併請求、變更、追加或反請求之數宗事件，應合併審理、合併裁判。但有下列各款情形之一者，得分別審理、分別裁判：

一、請求之標的或其攻擊防禦方法不相牽連。

二、兩造合意分別審理、分別裁判，經法院認為適當。

三、依事件性質，認有分別審理、分別裁判之必要。

法院就前項合併審理之家事訴訟事件與家事非訟事件合併裁判者，除別有規定外，應以判決為之。

第 43 條　依第四十一條第三項規定裁定移送時，繫屬於受移送法院之事件，其全部或一部之裁判，以移送事件之請求是否成立爲前提，或與其請求不相容者，受移送法院得依聲請或依職權，在該移送裁定確定前，以裁定停止訴訟程序。

第 44 條　當事人就家事訴訟事件與家事非訟事件之終局裁判聲明不服者，除別有規定外，適用上訴程序。

當事人僅就家事訴訟事件之終局判決全部或一部聲明不服者，適用上訴程序。

當事人或利害關係人僅就家事非訟事件之第一審終局裁定全部或一部聲明不服者，適用該家事非訟事件抗告程序。

對於家事訴訟事件之終局判決聲明不服者，以該判決所認定之法律關係爲據之其他事件之裁判，視爲提起上訴。

第 45 條　當事人就離婚、終止收養關係、分割遺產或其他得處分之事項得爲訴訟上和解。但離婚或終止收養關係之和解，須經當事人本人表明合意，始得成立。

前項和解成立者，於作成和解筆錄時，發生與確定判決同一之效力。

因和解成立有關身分之事項，依法應辦理登記者，法院應依職權通知該管戶政機關。

民事訴訟法第五編之一第三人撤銷訴訟程序之規定，於第二項情形準用之。

第 46 條　當事人於言詞辯論期日就前條第一項得處分之事項，爲捨棄或認諾者，除法律別有規定外，法院應本於其捨棄或認諾爲該當事人敗訴之判決。但離婚或終止收養關係事件有下列各款情形之一者，不在此限：

一、其捨棄或認諾未經當事人本人到場陳明。

二、當事人合併爲其他請求，而未能爲合併或無矛盾之裁判。

三、其捨棄或認諾有危害未成年子女之利益之虞，而未能就其利益保護事項爲合併裁判。

前項情形，本於當事人之捨棄或認諾為判決前，審判長應就該判決及於當事人之利害為闡明。

當事人本人於言詞辯論期日就不得處分之事項為捨棄者，視為撤回其請求。但當事人合併為其他請求，而以捨棄之請求是否成立為前提者，不在此限。

民事訴訟法第二百六十二條至第二百六十四條之規定，於前項情形準用之。

第 47 條　法院於收受訴狀後，審判長應依事件之性質，擬定審理計畫，並於適當時期定言詞辯論期日。

攻擊或防禦方法，除別有規定外，應依事件進行之程度，於言詞辯論終結前適當時期提出之。

當事人因故意或重大過失逾時提出攻擊或防禦方法，有礙事件之終結者，法院於裁判時得斟酌其逾時提出之理由。

離婚、終止收養關係、分割遺產或其他當事人得處分之事項，有前項情形者，準用民事訴訟法第一百九十六條第二項、第二百六十八條之二第二項、第二百七十六條、第四百四十四條之一及第四百四十七條之規定。

前二項情形，法院應使當事人有辯論之機會。

依當事人之陳述得為請求之合併、變更、追加或反請求者，法院應向當事人闡明之。

第 48 條　就第三條所定甲類或乙類家事訴訟事件所為確定之終局判決，對於第三人亦有效力。但有下列各款情形之一者，不在此限：

一、因確認婚姻無效、婚姻關係存在或不存在訴訟判決之結果，婚姻關係受影響之人，非因可歸責於己之事由，於該訴訟之事實審言詞辯論終結前未參加訴訟。

二、因確認親子關係存在或不存在訴訟判決之結果，主張自己與該子女有親子關係之人，非因可歸責於己之事由，於該訴訟之事實審言詞辯論終結前未參加訴訟。

三、因認領子女訴訟判決之結果，主張受其判決影響之非婚生子女，非因可歸責於己之事由，於該訴訟之事實審言詞辯論終結前未參加訴訟。

前項但書所定之人或其他與家事訴訟事件有法律上利害關係之第三人，非因可歸責於己之事由而未參加訴訟者，得請求撤銷對其不利部分之確定終局判決，並準用民事訴訟法第五編之一第三人撤銷訴訟程序之規定。

第 49 條　法院認當事人間之家事訴訟事件，有和諧解決之望或解決事件之意思已甚接近者，得定六個月以下之期間停止訴訟程序或為其他必要之處分。

第 50 條　身分關係之訴訟，原告於判決確定前死亡者，除別有規定外，關於本案視為訴訟終結。

依第三十九條規定提起之訴訟，於判決確定前，共同被告中之一方死亡者，由生存之他方續行訴訟。

依第三十九條規定提起之訴訟，於判決確定前被告均死亡者，除別有規定外，由檢察官續行訴訟。

第 51 條　家事訴訟事件，除本法別有規定者外，準用民事訴訟法之規定。

第二章　婚姻事件程序

第 52 條　確認婚姻無效、撤銷婚姻、離婚、確認婚姻關係存在或不存在事件，專屬下列法院管轄：

一、夫妻之住所地法院。

二、夫妻經常共同居所地法院。

三、訴之原因事實發生之夫或妻居所地法院。

當事人得以書面合意定管轄法院，不受前項規定之限制。

第一項事件夫或妻死亡者，專屬於夫或妻死亡時住所地之法院管轄。

不能依前三項規定定法院管轄者，由被告住、居所地之法院管轄。被告之住、居所不明者，由中央政府所在地之法院管轄。

第 53 條　婚姻事件有下列各款情形之一者，由中華民國法院審判管轄：

一、夫妻之一方為中華民國人。

二、夫妻均非中華民國人而於中華民國境內有住所或持續一年以上有共同居所。

三、夫妻之一方為無國籍人而於中華民國境內有經常居所。

四、夫妻之一方於中華民國境內持續一年以上有經常居所。但中華民國法院之裁判顯不為夫或妻所屬國之法律承認者，不在此限。

被告在中華民國應訴顯有不便者，不適用前項之規定。

第 54 條　依第三十九條提起確認婚姻無效、婚姻關係存在或不存在之訴者，法院應依職權通知未被列為當事人之其餘結婚人參加訴訟，並適用第四十條之規定。

第 55 條　婚姻事件之夫或妻為受監護宣告之人者，除第十四條第三項之情形外，由其監護人代為訴訟行為，並適用第十五條及第十六條之規定。

監護人違反受監護宣告人之利益而起訴者，法院應以裁定駁回之。

第 56 條　確認婚姻無效、撤銷婚姻、離婚或確認婚姻關係存在或不存在事件，得依第四十一條第二項規定為請求之變更、追加或反請求者，不得另行請求。

其另行請求者，法院應以裁定移送於訴訟繫屬中之第一審或第二審法院合併裁判，並適用第六條第二項至第五項之規定。

第 57 條　有關婚姻關係之訴訟，經判決確定後，當事人不得援以前依請求之合併、變更、追加或反請求所得主張之事實，就同一婚姻關係，提起獨立之訴。

但有下列各款情形之一者，不在此限：

一、因法院未闡明致未為主張。

二、經法院闡明，因不可歸責於當事人之事由而未為主張。

第 58 條　關於訴訟上自認及不爭執事實之效力之規定，在撤銷婚姻，於構成撤銷婚姻之原因、事實，及在確認婚姻無效或婚姻關係存在或不存在之訴，於確認婚姻無效或婚姻不存在及婚姻有效或存在之原因、事實，不適用之。

第 59 條　離婚之訴，夫或妻於判決確定前死亡者，關於本案視爲訴訟終結；夫或妻提起撤銷婚姻之訴者，亦同。

第 60 條　撤銷婚姻之訴，原告於判決確定前死亡者，除依第四十條之規定爲通知外，有權提起同一訴訟之他人，得於知悉原告死亡時起十日內聲明承受訴訟。但於原告死亡後已逾三十日者，不得爲之。

第三章　親子關係事件程序

第 61 條　親子關係事件，專屬下列法院管轄：

一、子女或養子女住所地之法院。

二、父、母、養父或養母住所地之法院。

前項事件，有未成年子女或養子女爲被告時，由其住所地之法院專屬管轄。

第 62 條　養父母與養子女間之訴訟，如養子女無程序能力，而養父母爲其法定代理人者，應由本生父母代爲訴訟行爲；法院並得依第十五條之規定選任程序監理人。

無本生父母或本生父母不適任者，依第十五條之規定選任程序監理人。

第 63 條　否認子女之訴，應以未起訴之夫、妻及子女爲被告。

子女否認推定生父之訴，以法律推定之生父爲被告。

前二項情形，應爲被告中之一人死亡者，以生存者爲被告；應爲被告之人均已死亡者，以檢察官爲被告。

第 64 條　否認子女之訴，夫妻之一方或子女於法定期間內或期間開始前死亡者，繼承權被侵害之人得提起之。

依前項規定起訴者，應自被繼承人死亡時起，於六個月內爲之。

夫妻之一方或子女於其提起否認子女之訴後死亡者，繼承權被侵害之人得於知悉原告死亡時起十日內聲明承受訴訟。但於原告死亡後已逾三十日者，不得爲之。

第 65 條　確定母再婚後所生子女生父之訴，得由子女、母、母之配偶或前配偶提起之。

前項之訴，由母之配偶提起者，以前配偶爲被告；由前配偶提起者，以母之配偶爲被告；由子女或母提起者，以母之配偶及前配偶爲共同被告；母之配偶或前配偶死亡者，以生存者爲被告。

前項情形，應爲被告之人均已死亡者，以檢察官爲被告。

第 66 條　認領之訴，有民法第一千零六十七條第二項後段之情形者，得以社會福利主管機關或檢察官爲被告。

由子女、生母或其他法定代理人提起之認領之訴，原告於判決確定前死亡者，有權提起同一訴訟之他人，得於知悉原告死亡時起十日內聲明承受訴訟。但於原告死亡後已逾三十日者，不得爲之。

前項之訴，被指爲生父之被告於判決確定前死亡者，由其繼承人承受訴訟；無繼承人或被告之繼承人於判決確定前均已死亡者，由檢察官續受訴訟。

第 67 條　就法律所定親子或收養關係有爭執，而有即受確認判決之法律上利益者，得提起確認親子或收養關係存在或不存在之訴。

確認親子關係不存在之訴，如法院就原告或被告爲生父之事實存在已得心證，而認爲得駁回原告之訴者，應闡明當事人得爲確認親子關係存在之請求。

法院就前項請求爲判決前，應通知有法律上利害關係之第三人，並使當事人或該第三人就親子關係存在之事實，有辯論或陳述意見之機會。

依第三十九條規定，由二人以上或對二人以上提起第一項之訴者，法院應合併審理、合併裁判。

第 68 條　未成年子女爲當事人之親子關係事件，就血緣關係存否有爭執，法院認有必要時，得依聲請或依職權命當事人或關係人限期接受血型、去氧核醣核酸或其他醫學上之檢驗。但為聲請之當事人應釋明有事實足以懷疑血緣關係存否者，始得為之。

命為前項之檢驗，應依醫學上認可之程序及方法行之，並應注意受檢驗人之身體、健康及名譽。

法院為第一項裁定前，應使當事人或關係人有陳述意見之機會。

第 69 條　第五十二條第二項至第四項、第五十三條、第五十六條、第五十七條及第六十條規定，於本章之事件準用之。

第五十四條及第五十五條之規定，於第六十二條之訴準用之。

第五十九條之規定，於撤銷收養、終止收養關係、撤銷終止收養之訴準用之。

第四章　繼承訴訟事件

第 70 條　因繼承回復、遺產分割、特留分、遺贈、確認遺囑眞僞或繼承人間因繼承關係所生請求事件，得由下列法院管轄：

一、繼承開始時被繼承人住所地之法院；被繼承人於國內無住所者，其在國內居所地之法院。

二、主要遺產所在地之法院。

第 71 條　請求遺產分割之訴狀，除應記載第三十八條規定之事項外，並宜附具繼承系統表及遺產清冊。

第 72 條　於遺產分割訴訟中，關於繼承權有爭執者，法院應曉諭當事人得於同一訴訟中為請求之追加或提起反請求。

第 73 條　當事人全體就遺產分割方法達成協議者，除有適用第四十五條之情形外，法院應斟酌其協議為裁判。

法院為前項裁判前，應曉諭當事人為辯論或為請求。

第四編　家事非訟程序

第一章　通則

第 74 條　第三條所定丁類、戊類及其他家事非訟事件，除別有規定外，適用本編之規定。

第 75 條　聲請或陳述，除別有規定外，得以書狀或言詞為之。

以言詞為聲請或陳述，應在法院書記官前為之；書記官應作成筆錄，並於筆錄內簽名。

聲請書狀或筆錄，應載明下列各款事項：

一、聲請人之姓名及住所或居所；聲請人為法人、機關或其他團體者，其名稱及公務所、事務所或營業所。

二、有相對人者，其姓名、住所或居所。

三、有利害關係人者，其姓名、住所或居所。

四、有法定代理人、非訟代理人者，其姓名、住所或居所及法定代理人與關係人之關係。

五、聲請之意旨及其原因事實。

六、供證明或釋明用之證據。

七、附屬文件及其件數。

八、法院。

九、年、月、日。

聲請書狀或筆錄內宜記載下列各款事項：

一、聲請人、相對人、其他利害關係人、法定代理人或非訟代理人之性別、出生年月日、職業、身分證件號碼、營利事業統一編號、電話號碼及其他足資辨別之特徵。

二、定法院管轄及其適用程序所必要之事項。

三、有其他相關事件繫屬於法院者，其事件。

聲請人或其代理人應於書狀或筆錄內簽名；其不能簽名者，得使他人代書姓名，由聲請人或其代理人蓋章或按指印。

第三項、第四項聲請書狀及筆錄之格式，由司法院定之。

關係人得以電信傳真或其他科技設備將書狀傳送於法院，效力與提出書狀同。其辦法由司法院定之。

第 76 條　法院收受書狀或筆錄後，除得定期間命聲請人以書狀或於期日就特定事項詳爲陳述外，應速送達書狀或筆錄繕本於前條第三項第二款及第三款之人，並限期命其陳述意見。

第 77 條　法院應通知下列之人參與程序。但通知顯有困難者，不在此限：

一、法律規定應依職權通知參與程序之人。

二、親子關係相關事件所涉子女、養子女、父母、養父母。

三、因程序之結果而權利受侵害之人。

法院得通知因程序之結果而法律上利害受影響之人或該事件相關主管機關或檢察官參與程序。

前二項之人或其他利害關係人得聲請參與程序。但法院認不合於參與之要件時，應以裁定駁回之。

第 78 條　法院應依職權調查事實及必要之證據。

法院認爲關係人之聲明或陳述不完足者，得命其敘明或補充之，並得命就特定事項詳爲陳述。

第 79 條　家事非訟事件之合併、變更、追加或反聲請，準用第四十一條、第四十二條第一項及第四十三條之規定。

第 80 條　聲請人因死亡、喪失資格或其他事由致不能續行程序者，其他有聲請權人得於該事由發生時起十日內聲明承受程序；法院亦得依職權通知承受程序。

相對人有前項不能續行程序之事由時，準用前項之規定。

依聲請或依職權開始之事件，雖無人承受程序，法院認爲必要時，應續行之。

第 81 條　裁定應送達於受裁定之人，並應送達於已知之利害關係人。

第七十七條第一項所定之人，得聲請法院付與裁定書。

第 82 條　裁定，除法律別有規定外，於宣示、公告、送達或以其他適當方法告知於受裁定人時發生效力。但有合法之抗告者，抗告中停止其效力。

以公告或其他適當方法告知者，法院書記官應作記載該事由及年、月、日、時之證書附卷。

第 83 條　法院認其所為裁定不當，而有下列情形之一者，除法律別有規定外，得撤銷或變更之：

一、不得抗告之裁定。

二、得抗告之裁定，經提起抗告而未將抗告事件送交抗告法院。

三、就關係人不得處分事項所為之裁定。但經抗告法院為裁定者，由其撤銷或變更之。

法院就關係人得處分之事項為裁定者，其駁回聲請之裁定，非依聲請人之聲請，不得依前項第一款規定撤銷或變更之。

裁定確定後而情事變更者，法院得撤銷或變更之。

法院為撤銷或變更裁定前，應使關係人有陳述意見之機會。

裁定經撤銷或變更之效力，除法律別有規定外，不溯及既往。

第 84 條　法院就家事非訟事件所成立之調解，準用前條之規定。但關係人得處分之事項，非依聲請人或相對人聲請，不得撤銷或變更之。

就關係人得處分之事項成立調解而應為一定之給付，如其內容尚未實現，因情事變更，依原調解內容顯失公平者，法院得依聲請以裁定變更之。

法院為前項裁定前，應使關係人有陳述意見之機會。

第 85 條　法院就已受理之家事非訟事件，除法律別有規定外，於本案裁定確定前，認有必要時，得依聲請或依職權命為適當之暫時處分。但關係人得處分之事項，非依其聲請，不得為之。

關係人為前項聲請時，應表明本案請求、應受暫時處分之事項及其事由，並就得處分之事項釋明暫時處分之事由。

第一項暫時處分，得命令或禁止關係人為一定行為、定暫時狀態或為其他適當之處置。

第一項暫時處分之裁定，免供擔保。但法律別有規定或法院認有必要者，不在此限。

關於得命暫時處分之類型及其方法，其辦法由司法院定之。

第 86 條　暫時處分，由受理本案之法院裁定；本案裁定業經抗告，且於聲請時，卷宗已送交抗告法院者，由抗告法院裁定。但本案繫屬後有急迫情形，不及由本案法院或抗告法院裁定時，得由財產、標的或其相關人所在地之法院裁定，並立即移交本案法院或抗告法院。

第 87 條　暫時處分於裁定送達或告知受裁定人時，對其發生效力。但告知顯有困難者，於公告時發生效力。

暫時處分之裁定得爲執行名義。

暫時處分之執行，除法律別有規定外，得由暫時處分裁定之法院依職權爲之。

暫時處分之裁定就依法應登記事項爲之者，法院應依職權通知該管機關；裁定失其效力時亦同。

第 88 條　暫時處分之裁定確定後，如認爲不當或已無必要者，本案法院得依聲請或依職權撤銷或變更之。

法院爲前項裁定時，應使關係人有陳述意見之機會。但法院認爲不適當者，不在此限。

第 89 條　暫時處分之裁定，除法律別有規定或法院另有裁定外，有下列各款情形之一者，失其效力：

一、本案請求經裁判駁回確定。

二、本案程序經撤回請求或因其他事由視爲終結。

三、暫時處分之內容與本案請求經裁判准許確定、調解或和解成立之內容相異部分。

四、暫時處分經裁定撤銷或變更確定。

第 90 條　暫時處分之裁定有前條所定情形之一者，法院得依聲請或依職權，在失效範圍內，命返還所受領給付或爲其他適當之處置。但命給付家庭生活費用或扶養費未逾必要範圍者，不在此限。

法院爲前項裁定前，應使關係人有辯論之機會。

第一項裁定，準用第八十七條第二項、第三項及第九十一條之規定。

第一項裁定確定者，有既判力。

第 91 條　暫時處分之裁定，除法律別有規定外，僅對准許本案請求之裁定有抗告權之人得爲抗告；抗告中不停止執行。但原法院或抗告法院認有必要時，得裁定命供擔保或免供擔保後停止執行。

前項但書裁定，不得抗告。

駁回暫時處分聲請之裁定，僅聲請人得爲抗告。

抗告法院爲裁定前，應使關係人有陳述意見之機會。但抗告法院認爲不適當者，不在此限。

第 92 條　因裁定而權利受侵害之關係人，得爲抗告。

因裁定而公益受影響時，該事件相關主管機關或檢察官得爲抗告。

依聲請就關係人得處分之事項爲裁定者，於聲請被駁回時，僅聲請人得爲抗告。

第 93 條　提起抗告，除法律別有規定外，抗告權人應於裁定送達後十日之不變期間內爲之。但送達前之抗告，亦有效力。

抗告權人均未受送達者，前項期間，自聲請人或其他利害關係人受送達後起算。

第一項或第二項受裁定送達之人如有數人，除法律別有規定外，抗告期間之起算以最初受送達者爲準。

第 94 條　對於第一審就家事非訟事件所爲裁定之抗告，由少年及家事法院以合議裁定之。

對於前項合議裁定，僅得以其適用法規顯有錯誤爲理由，逕向最高法院提起抗告。

依第四十一條規定於第二審爲追加或反請求者，對於該第二審就家事非訟事件所爲裁定之抗告，由其上級法院裁定之。

第 95 條　抗告法院爲本案裁判前，應使因該裁判結果而法律上利益受影響之關係人有陳述意見之機會。但抗告法院認爲不適當者，不在此限。

第 96 條　民事訴訟法第五編再審程序之規定，於家事非訟事件之確定本案裁定準用之。但有下列各款情形之一者，不得更以同一事由聲請再審：

一、已依抗告、聲請再審、聲請撤銷或變更裁定主張其事由，經以無理由被駁回。

二、知其事由而不為抗告；或抗告而不為主張，經以無理由被駁回。

第 97 條　家事非訟事件，除法律別有規定外，準用非訟事件法之規定。

第二章　婚姻非訟事件

第 98 條　夫妻同居、指定夫妻住所、請求報告夫妻財產狀況、給付家庭生活費用、扶養費、贍養費或宣告改用分別財產制事件之管轄，準用第五十二條及第五十三條之規定。

第 99 條　請求家庭生活費用、扶養費或贍養費，應於準備書狀或於筆錄載明下列各款事項：

一、請求之金額、期間及給付方法。

二、關係人之收入所得、財產現況及其他個人經濟能力之相關資料，並添具所用書證影本。

聲請人就前項數項費用之請求，得合併聲明給付之總額或最低額；其聲明有不明瞭或不完足者，法院應曉諭其敘明或補充之。

聲請人為前項最低額之聲明者，應於程序終結前補充其聲明。其未補充者，法院應告以得為補充。

第 100 條　法院命給付家庭生活費、扶養費或贍養費之負擔或分擔，得審酌一切情況，定其給付之方法，不受聲請人聲明之拘束。

前項給付，法院得依聲請或依職權，命為一次給付、分期給付或給付定期金，必要時並得命提出擔保。

法院命分期給付者，得酌定遲誤一期履行時，其後之期間視為亦已到期之範圍或條件。

法院命給付定期金者，得酌定逾期不履行時，喪失期限利益之範圍或條件，並得酌定加給之金額。但其金額不得逾定期金每期金額之二分之一。

第 101 條　本案程序進行中，聲請人與相對人就第九十八條之事件或夫妻間其他得處分之事項成立和解者，於作成和解筆錄時，發生與本案確定裁判同一之效力。

聲請人與相對人就程序標的以外得處分之事項成立前項和解者，非經爲請求之變更、追加或反請求，不得爲之。

就前二項以外之事項經聲請人與相對人合意者，法院應斟酌其內容爲適當之裁判。

第一項及第二項之和解有無效或得撤銷之原因者，聲請人或相對人得請求依原程序繼續審理，並準用民事訴訟法第三百八十條第三項之規定。

因第一項或第二項和解受法律上不利影響之第三人，得請求依原程序撤銷或變更和解對其不利部分，並準用民事訴訟法第五編之一第三人撤銷訴訟程序之規定。

第 102 條　就第九十九條所定各項費用命爲給付之確定裁判或成立之和解，如其內容尚未實現，因情事變更，依原裁判或和解內容顯失公平者，法院得依聲請人或相對人聲請變更原確定裁判或和解之內容。

法院爲前項裁判前，應使關係人有陳述意見之機會。

第 103 條　第九十九條所定事件程序，關係人就請求所依據之法律關係有爭執者，法院應曉諭其得合併請求裁判。

關係人爲前項合併請求時，除關係人合意適用家事非訟程序外，法院應裁定改用家事訴訟程序，由原法官繼續審理。

前項裁定，不得聲明不服。

第三章　親子非訟事件

第 104 條　下列親子非訟事件，專屬子女住所或居所地法院管轄；無住所或居所者，得由法院認爲適當之所在地法院管轄：

一、關於未成年子女扶養請求、其他權利義務之行使或負擔之酌定、改定、變更或重大事項權利行使酌定事件。

二、關於變更子女姓氏事件。

三、關於停止親權事件。

四、關於未成年子女選任特別代理人事件。

五、關於交付子女事件。

六、關於其他親子非訟事件。

未成年子女有數人，其住所或居所不在一法院管轄區域內者，各該住所或居所地之法院俱有管轄權。

第一項事件有理由時，程序費用由未成年子女之父母或父母之一方負擔。

第 105 條　婚姻或親子訴訟事件與其基礎事實相牽連之親子非訟事件，已分別繫屬於法院者，除別有規定外，法院應將親子非訟事件移送於婚姻或親子訴訟事件繫屬中之第一審或第二審法院合併裁判。

前項移送之裁定不得聲明不服。受移送之法院應即就該事件處理，不得更為移送。

第 106 條　法院為審酌子女之最佳利益，得徵詢主管機關或社會福利機構之意見、請其進行訪視或調查，並提出報告及建議。

法院斟酌前項調查報告為裁判前，應使關係人有陳述意見之機會。但其內容涉及隱私或有不適當之情形者，不在此限。

法院認為必要時，得通知主管機關或社會福利機構相關人員於期日到場陳述意見。

前項情形，法院得採取適當及必要措施，保護主管機關或社會福利機構相關人員之隱私及安全。

第 107 條　法院酌定、改定或變更父母對於未成年子女權利義務之行使或負擔時，得命交付子女、容忍自行帶回子女、未行使或負擔權利義務之一方與未成年子女會面交往之方式及期間、給付扶養費、交付身分證明文件或其他財物，或命為相當之處分，並得訂定必要事項。

前項命給付扶養費之方法，準用第九十九條至第一百零三條規定。

第 108 條　法院就前條事件及其他親子非訟事件為裁定前，應依子女之年齡及識別能力等身心狀況，於法庭內、外，以適當方式，曉諭裁判結果之影響，使其有表達意願或陳述意見之機會；必要時，得請兒童及少年心理或其他專業人士協助。

前項兒童及少年心理或其他專業人士之報酬，準用第十七條第三項規定。

第 109 條　就有關未成年子女權利義務之行使或負擔事件，未成年子女雖非當事人，法院為未成年子女之最佳利益，於必要時，亦得依父母、未成年子女、主管機關、社會福利機構或其他利害關係人之聲請或依職權為未成年子女選任程序監理人。

第 110 條　第一百零七條所定事件及其他親子非訟事件程序進行中，父母就該事件得協議之事項達成合意，而其合意符合子女最佳利益時，法院應將合意內容記載於和解筆錄。

前項情形，準用第一百零一條、第一百零二條及第一百零八條之規定。

第 111 條　法院為未成年子女選任特別代理人時，應斟酌得即時調查之一切證據。

法院為前項選任之裁定前，應徵詢被選任人之意見。

前項選任之裁定，得記載特別代理人處理事項之種類及權限範圍。

選任特別代理人之裁定，於裁定送達或當庭告知被選任人時發生效力。

法院為保護未成年子女之最佳利益，於必要時，得依父母、未成年子女、主管機關、社會福利機構或其他利害關係人之聲請或依職權，改定特別代理人。

第 112 條　法院得依特別代理人之聲請酌定報酬。其報酬額，應審酌下列事項：

一、選任特別代理人之原因。

二、特別代理人執行職務之勞力。

三、未成年子女及父母之資力。

四、未成年子女與特別代理人之關係。

前項報酬，除法律另有規定外，由未成年子女負擔。但選任特別代理人之原因係父母所致者，法院得酌量情形命父母負擔全部或一部。

第 113 條　本章之規定，於父母不繼續共同生活達六個月以上時，關於未成年子女權利義務之行使負擔事件，準用之。

第四章　收養事件

第 114 條　認可收養子女事件，專屬收養人或被收養人住所地之法院管轄；收養人在中華民國無住所者，由被收養人住所地之法院管轄。

認可終止收養事件、許可終止收養事件及宣告終止收養事件，專屬養子女住所地之法院管轄。

第 115 條　認可收養事件，除法律別有規定外，以收養人及被收養人為聲請人。

認可收養之聲請應以書狀或於筆錄載明收養人及被收養人、被收養人之父母、收養人及被收養人之配偶。

前項聲請應附具下列文件：

一、收養契約書。

二、收養人及被收養人之國民身分證、戶籍謄本、護照或其他身分證明文件。

第二項聲請，宜附具下列文件：

一、被收養人為未成年人時，收養人之職業、健康及有關資力之證明文件。

二、夫妻之一方被收養時，他方之同意書。但有民法第一千零七十六條但書情形者，不在此限。

三、經公證之被收養人父母之同意書。但有民法第一千零七十六條之一第一項但書、第二項但書或第一千零七十六條之二第三項情形者，不在此限。

四、收養人或被收養人爲外國人時，收養符合其本國法之證明文件。

五、經收出養媒合服務者爲訪視調查，其收出養評估報告。

前項文件在境外作成者，應經當地中華民國駐外機構驗證或證明；如係外文，並應附具中文譯本。

第 116 條　法院認可未成年人被收養前，得准收養人與未成年人共同生活一定期間，供法院決定之參考；共同生活期間，對於未成年人權利義務之行使負擔，由收養人爲之。

第 117 條　認可收養之裁定，於其對聲請人及第一百十五條第二項所定之人確定時發生效力。

認可收養之裁定正本，應記載該裁定於確定時發生效力之意旨。

認可、許可或宣告終止收養之裁定，準用前二項之規定。

第 118 條　被收養人之父母爲未成年人而未結婚者，法院爲認可收養之裁定前，應使該未成年人及其法定代理人有陳述意見之機會。但有礙難情形者，不在此限。

第 119 條　第一百零六條及第一百零八條之規定，於收養事件準用之。

第五章　未成年人監護事件

第 120 條　下列未成年人監護事件，專屬未成年人住所地或居所地法院管轄；無住所或居所者，得由法院認爲適當之所在地法院管轄：

一、關於選定、另行選定或改定未成年人監護人事件。

二、關於監護人報告或陳報事件。

三、關於監護人辭任事件。

四、關於酌定監護人行使權利事件。

五、關於酌定監護人報酬事件。

六、關於為受監護人選任特別代理人事件。

七、關於許可監護人行為事件。

八、關於交付子女事件。

九、關於監護所生損害賠償事件。

十、關於其他未成年人監護事件。

第一百零四條第二項、第三項及第一百零五條之規定，於前項事件準用之。

第 121 條　關於監護所生之損害賠償事件，其程序標的之金額或價額逾得上訴第三審利益額者，聲請人與相對人得於第一審程序終結前，合意向法院陳明改用家事訴訟程序，由原法官繼續審理。

前項損害賠償事件，案情繁雜者，聲請人或相對人得於第一審程序終結前，聲請法院裁定改用家事訴訟程序，由原法官繼續審理。

前項裁定，不得聲明不服。

第 122 條　法院選定之監護人，有下列情形之一者，得聲請法院許可其辭任：

一、滿七十歲。

二、因身心障礙或疾病不能執行監護。

三、住所或居所與法院或受監護人所在地隔離，不便執行監護。

四、其他重大事由。

法院為前項許可時，應另行選任監護人。

第一百零六條及第一百零八條之規定，於監護人辭任事件準用之。

第 123 條　第一百零六條至第一百零八條及第一百十一條第一項、第二項之規定，於法院為未成年人選定、另行選定或改定監護人事件準用之。

第 124 條　第一百十一條及第一百十二條之規定，於法院為受監護人選任特別代理人事件準用之。

第六章　親屬間扶養事件

第 125 條　下列扶養事件，除本法別有規定外，專屬受扶養權利人住所地或居所地法院管轄：

一、關於扶養請求事件。

二、關於請求減輕或免除扶養義務事件。

三、關於因情事變更請求變更扶養之程度及方法事件。

四、關於其他扶養事件。

第一百零四條第二項、第三項及第一百零五條之規定，於前項事件準用之。

第 126 條　第九十九條至第一百零三條及第一百零七條第一項之規定，於扶養事件準用之。

第七章　繼承事件

第 127 條　下列繼承事件，專屬繼承開始時被繼承人住所地法院管轄：

一、關於遺產清冊陳報事件。

二、關於債權人聲請命繼承人提出遺產清冊事件。

三、關於拋棄繼承事件。

四、關於無人承認之繼承事件。

五、關於保存遺產事件。

六、關於指定或另行指定遺囑執行人事件。

七、關於其他繼承事件。

保存遺產事件，亦得由遺產所在地法院管轄。

第五十二條第四項之規定，於第一項事件準用之。

第一項及第二項事件有理由時，程序費用由遺產負擔。

第 128 條　繼承人爲遺產陳報時，應於陳報書記載下列各款事項，並附具遺產清冊：

一、陳報人。

二、被繼承人之姓名及最後住所。

三、被繼承人死亡之年月日時及地點。

四、知悉繼承之時間。

五、有其他繼承人者，其姓名、性別、出生年月日及住、居所。

前項遺產清冊應記載被繼承人之財產狀況及繼承人已知之債權人、債務人。

第 129 條　債權人聲請命繼承人提出遺產清冊時，其聲請書應記載下列各款事項：

一、聲請人。

二、被繼承人之姓名及最後住所。

三、繼承人之姓名及住、居所。

四、聲請命繼承人提出遺產清冊之意旨。

繼承人依法院命令提出遺產清冊者，準用前條之規定。

第 130 條　法院公示催告被繼承人之債權人報明債權時，應記載下列各款事項：

一、爲陳報之繼承人。

二、報明權利之期間及在期間內應爲報明之催告。

三、因不報明權利而生之失權效果。

四、法院。

前項情形應通知其他繼承人。

第一項公示催告應公告之。

前項公告應揭示於法院公告處、資訊網路及其他適當處所；法院認爲必要時，並得命登載於公報或新聞紙，或用其他方法公告之。

第一項報明期間，自前項揭示之日起，應有六個月以上。

第 131 條　前條報明債權期間屆滿後六個月內，繼承人應向法院陳報償還遺產債務之狀況並提出有關文件。

前項六個月期間，法院因繼承人之聲請，認爲必要時，得延展之。

第 132 條　繼承人拋棄繼承時，應以書面表明下列各款事項：

一、拋棄繼承人。

二、被繼承人之姓名及最後住所。

三、被繼承人死亡之年月日時及地點。

四、知悉繼承之時間。

五、有其他繼承人者，其姓名、性別、出生年月日及住、居所。

拋棄繼承爲合法者，法院應予備查，通知拋棄繼承人及已知之其他繼承人，並公告之。

拋棄繼承爲不合法者，法院應以裁定駁回之。

第 133 條　親屬會議報明繼承開始及選定遺產管理人時，應由其會員一人以上於陳報書記載下列各款事項，並附具證明文件：

一、陳報人。

二、被繼承人之姓名、最後住所、死亡之年月日時及地點。

三、選定遺產管理人之事由。

四、所選定遺產管理人之姓名、性別、出生年月日及住、居所。

第 134 條　親屬會議選定之遺產管理人，以自然人爲限。

前項遺產管理人有下列各款情形之一者，法院應解任之，命親屬會議於一個月內另爲選定：

一、未成年。

二、受監護或輔助宣告。

三、受破產宣告或依消費者債務清理條例受清算宣告尚未復權。

四、褫奪公權尚未復權。

第 135 條　親屬會議選定之遺產管理人有下列情形之一者，法院得依利害關係人或檢察官之聲請，徵詢親屬會議會員、利害關係人或檢察官之意見後解任之，命親屬會議於一個月內另爲選定：

一、違背職務上之義務者。

二、違背善良管理人之注意義務，致危害遺產或有危害之虞者。

三、有其他重大事由者。

第 136 條　利害關係人或檢察官聲請選任遺產管理人時，其聲請書應記載下列事項，並附具證明文件：

一、聲請人。

二、被繼承人之姓名、最後住所、死亡之年月日時及地點。

三、聲請之事由。

四、聲請人為利害關係人時，其法律上利害關係之事由。

親屬會議未依第一百三十四條第二項或前條另為選定遺產管理人時，利害關係人或檢察官得聲請法院選任遺產管理人，並適用前項之規定。

法院選任之遺產管理人，除自然人外，亦得選任公務機關。

第 137 條　法院公示催告繼承人承認繼承時，應記載下列事項：

一、陳報人。

二、被繼承人之姓名、最後住所、死亡之年月日時及地點。

三、承認繼承之期間及期間內應為承認之催告。

四、因不於期間內承認繼承而生之效果。

五、法院。

前項公示催告，準用第一百三十條第三項至第五項之規定。

第 138 條　法院依遺產管理人聲請為公示催告時，除記載前條第一項第二款及第五款所定事項外，並應記載下列事項：

一、遺產管理人之姓名、住所及處理遺產事務之處所。

二、報明債權及願否受遺贈聲明之期間，並於期間內應為報明或聲明之催告。

三、因不報明或聲明而生之失權效果。

第 139 條　第一百三十條第三項至第五項之規定，除申報權利期間外，於前二條之公示催告準用之。

第 140 條　法院選任之遺產管理人於職務執行完畢後，應向法院陳報處理遺產之狀況並提出有關文件。

第 141 條　第八章之規定，除法律別有規定外，於遺產管理人、遺囑執行人及其他法院選任財產管理人準用之。

第八章　失蹤人財產管理事件

第 142 條　關於失蹤人之財產管理事件，專屬其住所地之法院管轄。

第五十二條第四項之規定，於前項事件準用之。

第 143 條　失蹤人未置財產管理人者，其財產管理人依下列順序定之：

一、配偶。

二、父母。

三、成年子女。

四、與失蹤人同居之祖父母。

五、家長。

不能依前項規定定財產管理人時，法院得因利害關係人或檢察官之聲請，選任財產管理人。

財產管理人之權限，因死亡、受監護、輔助或破產之宣告或其他原因消滅者，準用前二項之規定。

第 144 條　財產管理人有數人者，關於失蹤人之財產管理方法，除法院選任數財產管理人，而另有裁定者外，依協議定之；不為協議或協議不成時，財產管理人或利害關係人得聲請法院酌定之。

第 145 條　財產管理人不勝任或管理不適當時，法院得依利害關係人或檢察官之聲請改任之；其由法院選任者，法院認為必要時得依職權改任之。

財產管理人有正當理由者，得聲請法院許可其辭任。

法院為前項許可時，應另行選任財產管理人。

第 146 條　法院選任、改任或另行選任財產管理人時，應詢問利害關係人及受選任人之意見。

第 147 條　失蹤人財產之取得、設定、喪失或變更，依法應登記者，財產管理人應向該管登記機關為管理人之登記。

第 148 條　財產管理人應作成管理財產目錄，並應經公證人公證，其費用由失蹤人之財產負擔之。

第 149 條　法院得因利害關係人或檢察官之聲請，命財產管理人報告管理財產狀況或計算；財產管理人由法院選任者，並得依職權爲之。

前項裁定，不得聲明不服。

第 150 條　利害關係人得釋明原因，向法院聲請閱覽前條之報告及有關計算之文件，或預納費用聲請付與繕本、影本或節本。

第 151 條　財產管理人應以善良管理人之注意，保存財產，並得爲有利於失蹤人之利用或改良行爲。但其利用或改良有變更財產性質之虞者，非經法院許可，不得爲之。

第 152 條　法院得命財產管理人就財產之管理及返還，供相當之擔保，並得以裁定增減、變更或免除之。

前項擔保，準用民事訴訟法關於訴訟費用擔保之規定。

第 153 條　法院得依財產管理人之聲請，按財產管理人與失蹤人之關係、管理事務之繁簡及其他情形，就失蹤人之財產，酌給相當報酬。

第九章　宣告死亡事件

第 154 條　下列宣告死亡事件，專屬失蹤人住所地法院管轄：

一、關於聲請宣告死亡事件。

二、關於聲請撤銷或變更宣告死亡裁定事件。

三、關於其他宣告死亡事件。

第五十二條第四項之規定，於前項事件準用之。

第一項事件之程序費用，除宣告死亡者由遺產負擔外，由聲請人負擔。

第 155 條　宣告死亡或撤銷、變更宣告死亡之裁定，利害關係人或檢察官得聲請之。

第 156 條　法院准許宣告死亡之聲請者，應公示催告。

公示催告，應記載下列各款事項：

一、失蹤人應於期間內陳報其生存，如不陳報，即應受死亡之宣告。

二、凡知失蹤人之生死者，應於期間內將其所知陳報法院。

前項公示催告，準用第一百三十條第三項至第五項之規定。但失蹤人滿百歲者，其陳報期間，得定為自揭示之日起二個月以上。

第 157 條　為失蹤人生存之陳報在陳報期間屆滿後，而未宣告死亡或宣告死亡之裁定確定前者，與在期間內陳報者，有同一效力。

第 158 條　宣告死亡程序，除通知顯有困難者外，法院應通知失蹤人之配偶、子女及父母參與程序；失蹤人另有法定代理人者，並應通知之。

宣告死亡之裁定，應送達於前項所定之人。

第 159 條　宣告死亡之裁定應確定死亡之時。

宣告死亡之裁定，於其對聲請人、生存陳報人及前條第一項所定之人確定時發生效力。

前項裁定生效後，法院應以相當之方法，將該裁定要旨公告之。

第 160 條　宣告死亡裁定確定後，發現受宣告死亡之人尚生存或確定死亡之時不當者，得聲請撤銷或變更宣告死亡之裁定。

第 161 條　聲請撤銷或變更宣告死亡之裁定，應於聲請狀表明下列各款事項：

一、聲請人、宣告死亡之聲請人及法定代理人。

二、聲請撤銷或變更之裁定。

三、應如何撤銷或變更之聲明。

四、撤銷或變更之事由。

前項第四款之事由宜提出相關證據。

第一百五十八條之規定，於撤銷或變更宣告死亡裁定事件準用之。

第 162 條　受宣告死亡人於撤銷宣告死亡裁定之裁定確定前死亡者，法院應裁定本案程序終結。

第 163 條　撤銷或變更宣告死亡裁定之裁定，不問對於何人均有效力。但裁定確定前之善意行為，不受影響。

因宣告死亡取得財產者，如因前項裁定失其權利，僅於現受利益之限度內，負歸還財產之責。

第一百五十九條第二項及第三項之規定，於第一項裁定準用之。

第十章　監護宣告事件

第 164 條　下列監護宣告事件，專屬應受監護宣告之人或受監護宣告之人住所地或居所地法院管轄；無住所或居所者，得由法院認爲適當之所在地法院管轄：

一、關於聲請監護宣告事件。

二、關於指定、撤銷或變更監護人執行職務範圍事件。

三、關於另行選定或改定監護人事件。

四、關於監護人報告或陳報事件。

五、關於監護人辭任事件。

六、關於酌定監護人行使權利事件。

七、關於酌定監護人報酬事件。

八、關於爲受監護宣告之人選任特別代理人事件。

九、關於許可監護人行爲事件。

十、關於監護所生損害賠償事件。

十一、關於聲請撤銷監護宣告事件。

十二、關於變更輔助宣告爲監護宣告事件。

十三、關於其他監護宣告事件。

前項事件有理由時，程序費用由受監護宣告之人負擔。

除前項情形外，其費用由聲請人負擔。

第 165 條　於聲請監護宣告事件及撤銷監護宣告事件，應受監護宣告之人及受監護宣告之人有程序能力。如其無意思能力者，法院應依職權爲其選任程序監理人。

第 166 條　聲請人爲監護宣告之聲請時，宜提出診斷書。

第 167 條　法院應於鑑定人前訊問應受監護宣告之人。但有礙難訊問之情形或恐有害其健康者，不在此限。

監護之宣告，非就應受監護宣告之人之精神或心智狀況訊問鑑定人後，不得爲之。鑑定應有精神科專科醫師或具精神科經驗之醫師參與。

第 168 條　監護宣告之裁定，應同時選定監護人及指定會同開具財產清冊之人，並附理由。

法院為前項之選定及指定前，應徵詢被選定人及被指定人之意見。

第一項裁定，應送達於聲請人、受監護宣告之人、法院選定之監護人及法院指定會同開具財產清冊之人；受監護宣告之人另有程序監理人或法定代理人者，並應送達之。

第 169 條　監護宣告之裁定，於裁定送達或當庭告知法院選定之監護人時發生效力。

前項裁定生效後，法院應以相當之方法，將該裁定要旨公告之。

第 170 條　監護宣告裁定經廢棄確定前，監護人所為之行為，不失其效力。

監護宣告裁定經廢棄確定前，受監護宣告之人所為之行為，不得本於宣告監護之裁定而主張無效。

監護宣告裁定經廢棄確定後，應由第一審法院公告其要旨。

第 171 條　受監護宣告之人於監護宣告程序進行中死亡者，法院應裁定本案程序終結。

第 172 條　撤銷監護宣告之裁定，於其對聲請人、受監護宣告之人及監護人確定時發生效力。

第一百六十六條至第一百六十八條及第一百七十條第三項之規定，於聲請撤銷監護宣告事件準用之。

第 173 條　法院對於撤銷監護宣告之聲請，認受監護宣告之人受監護原因消滅，而仍有輔助之必要者，得依聲請或依職權以裁定變更為輔助之宣告。

前項裁定，準用前條之規定。

第 174 條　法院對於監護宣告之聲請，認為未達應受監護宣告之程度，而有輔助宣告之原因者，得依聲請或依職權以裁定為輔助之宣告。

法院為前項裁定前，應使聲請人及受輔助宣告之人有陳述意見之機會。

第一項裁定，於監護宣告裁定生效時，失其效力。

第 175 條　受輔助宣告之人，法院認有受監護宣告之必要者，得依聲請以裁定變更為監護宣告。

前項裁定，準用第一百七十二條之規定。

第 176 條　第一百零六條至第一百零八條之規定，於聲請監護宣告事件、撤銷監護宣告事件、就監護宣告聲請為輔助宣告事件及另行選定或改定監護人事件準用之。

第一百二十二條之規定，於監護人辭任事件準用之。

第一百十二條之規定，於酌定監護人報酬事件準用之。

第一百十一條及第一百十二條之規定，於法院為受監護宣告之人選任特別代理人事件準用之。

第一百二十一條之規定，於監護所生損害賠償事件準用之。

第十一章　輔助宣告事件

第 177 條　下列輔助宣告事件，專屬應受輔助宣告之人或受輔助宣告之人之住所地或居所地法院管轄；無住所或居所者，得由法院認為適當之所在地法院管轄：

一、關於聲請輔助宣告事件。

二、關於另行選定或改定輔助人事件。

三、關於輔助人辭任事件。

四、關於酌定輔助人行使權利事件。

五、關於酌定輔助人報酬事件。

六、關於為受輔助宣告之人選任特別代理人事件。

七、關於指定、撤銷或變更輔助人執行職務範圍事件。

八、關於聲請許可事件。

九、關於輔助所生損害賠償事件。

十、關於聲請撤銷輔助宣告事件。

十一、關於聲請變更監護宣告為輔助宣告事件。

十二、關於其他輔助宣告事件。

第一百六十四條第二項、第三項之規定，於前項事件準用之。

第 178 條　輔助宣告之裁定，於裁定送達或當庭告知受輔助宣告之人時發生效力。

第一百零六條、第一百零八條、第一百六十六條至第一百六十八條、第一百六十九條第二項及第一百七十條之規定，於聲請輔助宣告事件準用之。

第 179 條　法院對於輔助宣告之聲請，認有監護宣告之必要者，得依聲請或依職權以裁定為監護之宣告。

前項裁定，準用第一百七十四條第二項及第三項之規定。

第 180 條　第一百零六條至第一百零八條之規定，於法院選定、另行選定或改定輔助人事件準用之。

第一百二十二條之規定，於輔助人辭任事件準用之。

第一百十二條之規定，於酌定輔助人報酬事件準用之。

第一百十一條及第一百十二條之規定，於法院為受輔助宣告之人選任特別代理人事件準用之。

第一百二十一條之規定，於輔助所生損害賠償事件準用之。

第一百七十二條之規定，於聲請撤銷輔助宣告事件準用之。

第一百七十三條之規定，於聲請變更監護宣告為輔助宣告事件準用之。

第十二章　親屬會議事件

第 181 條　關於為未成年人及受監護或輔助宣告之人聲請指定親屬會議會員事件，專屬未成年人、受監護或輔助宣告之人住所地或居所地法院管轄。

關於為遺產聲請指定親屬會議會員事件，專屬繼承開始時被繼承人住所地法院管轄。

關於為養子女或未成年子女指定代為訴訟行為人事件，專屬養子女或未成年子女住所地法院管轄。

關於聲請酌定扶養方法及變更扶養方法或程度事件，專屬受扶養權利人住所地或居所地法院管轄。

聲請法院處理下列各款所定應經親屬會議處理之事件，專屬被繼承人住所地法院管轄：

一、關於酌給遺產事件。

二、關於監督遺產管理人事件。

三、關於酌定遺產管理人報酬事件。

四、關於認定口授遺囑眞僞事件。

五、關於提示遺囑事件。

六、關於開視密封遺囑事件。

七、關於其他應經親屬會議處理事件。

第五十二條第四項之規定，於前五項事件準用之。

第一百零四條第二項及第一百零五條之規定，於第四項事件準用之。

第一項事件有理由時，程序費用由未成年人、受監護或輔助宣告之人負擔。

第二項事件有理由時，程序費用由遺產負擔。

第三項事件有理由時，程序費用由養子女或未成年子女負擔。

第五項事件有理由時，程序費用由遺產負擔。

第 182 條　法院就前條第五項所定事件所爲裁定時，得調查遺產管理人所爲遺產管理事務之繁簡及被繼承人之財產收益狀況。

第 183 條　第一百二十二條之規定，於第一百八十一條第一項及第二項事件準用之。

第九十九條至第一百零三條及第一百零七條之規定，於第一百八十一條第四項事件準用之。

第一百零六條之規定，於本章之事件準用之。

本章之規定，於其他聲請法院處理親屬會議處理之事件準用之。

第十三章　保護安置事件

第 184 條　下列安置事件，專屬被安置人住所地、居所地或所在地法院管轄：

一、關於兒童及少年之繼續安置事件。

二、關於兒童及少年之安置保護事件。

三、關於身心障礙者之繼續安置事件。

四、關於其他法律規定應由法院裁定安置事件。

除法律別有規定外，第一百零六條、第一百零八條、第一百六十五條、第一百六十六條、第一百六十九條及第一百七十一條之規定，於前項事件準用之。

第 185 條　下列停止事件，專屬嚴重病人住所地、居所地或所在地法院管轄：

一、關於停止緊急安置事件。

二、關於停止強制住院事件。

三、關於其他停止安置、住院事件。

除法律別有規定外，第一百零六條、第一百零八條、第一百六十五條至第一百六十七條、第一百六十八條第一項、第一百六十九條第一項及第一百七十一條之規定，於前項事件準用之。

第五編　履行之確保及執行

第一章　通則

第 186 條　依本法作成之調解、和解及本案裁判，除法律別有規定外，得為強制執行名義。

家事事件之強制執行，除法律別有規定外，準用強制執行法之規定，並得請求行政機關、社會福利機構協助執行。

第 187 條　債權人於執行名義成立後，除依法聲請強制執行外，亦得聲請法院調查義務之履行狀況，並勸告債務人履行債務之全部或一部。

前項調查及勸告，由爲裁判或成立調解或和解之第一審法院管轄。

法院於必要時，得命家事調查官爲調查及勸告，或囑託其他法院爲之。

第一項聲請，徵收費用新臺幣五百元，由聲請人負擔，並準用民事訴訟法第七十七條之二十三第四項規定。

第 188 條　法院爲勸告時，得囑託其他法院或相關機關、團體及其他適當人員共同爲之。

勸告履行所需費用，由法院酌量情形，命債權人及債務人以比例分擔或命一造負擔，或命各自負擔其支出之費用。

第二章　扶養費及其他費用之執行

第 189 條　扶養費請求權之執行，暫免繳執行費，由執行所得扣還之。

第 190 條　債務人依執行名義應定期或分期給付家庭生活費用、扶養費或贍養費，有一期未完全履行者，雖其餘履行期限尚未屆至，債權人亦得聲請執行。

前項債權之執行，僅得扣押其履行期限屆至後債務人已屆清償期之薪資債權或其他繼續給付之債權。

第 191 條　債務人依執行名義應定期或分期給付家庭生活費用、扶養費或贍養費，有一期未完全履行者，雖其餘履行期限尚未屆至，執行法院得依債權人之聲請，以裁定命債務人應遵期履行，並命其於未遵期履行時，給付強制金予債權人。但爲裁判法院已依第一百條第四項規定酌定加給金額者，不在此限。

法院爲前項裁定時，應斟酌債權人因債務不履行所受之不利益、債務人資力狀態及以前履行債務之狀況。

第一項強制金不得逾每期執行債權二分之一。

第一項債務已屆履行期限者，法院得依債權人之聲請，以裁定命債務人限期履行，並命其於期限屆滿仍不履行時，給付強制金予債權人，並準用前二項之規定。

債務人證明其無資力清償或清償債務將致其生活顯著窘迫者，執行法院應依債務人之聲請或依職權撤銷第一項及前項之裁定。

第 192 條　前條第一項、第四項強制金裁定確定後，情事變更者，執行法院得依債務人之聲請變更之。

債務人為前項聲請，法院於必要時，得以裁定停止強制金裁定之執行。

前項裁定，不得聲明不服。

第 193 條　未成年子女扶養費債權之執行，不受強制執行法第一百二十二條規定之限制。但應酌留債務人及受其扶養之其他未成年子女生活所需。

第三章　交付子女與子女會面交往之執行

第 194 條　執行名義係命交付子女或會面交往者，執行法院應綜合審酌下列因素，決定符合子女最佳利益之執行方法，並得擇一或併用直接或間接強制方法：

一、未成年子女之年齡及有無意思能力。

二、未成年子女之意願。

三、執行之急迫性。

四、執行方法之實效性。

五、債務人、債權人與未成年子女間之互動狀況及可能受執行影響之程度。

第 195 條　以直接強制方式將子女交付債權人時，宜先擬定執行計畫；必要時，得不先通知債務人執行日期，並請求警察機關、社工人員、醫療救護單位、學校老師、外交單位或其他有關機關協助。

前項執行過程，宜妥為說明勸導，儘量採取平和手段，並注意未成年子女之身體、生命安全、人身自由及尊嚴，安撫其情緒。

第六編　附則

第 196 條　本法施行後，已成立少年及家事法院之地區，原管轄之地方法院，應以公告將本法所定家事事件，移送少年及家事法院，並通知當事人及已知之關係人。

第 197 條　除本法別有規定外，本法於施行前發生之家事事件亦適用之。

本法施行前已繫屬尚未終結之家事事件，依其進行程度，由繫屬之法院依本法所定程序終結之，已依法定程序進行之行爲，效力不受影響。

本法施行前已繫屬尚未終結之家事事件，依繫屬時之法律定法院之管轄。

本法施行前已繫屬尚未終結之家事事件，除依本法施行前民事訴訟法人事訴訟編得合併裁判者外，不得移送合併審理。

本法所定期間之程序行爲，而應於其施行之際爲之者，其期間自本法施行之日起算。但本法施行前，法院依原適用法律裁定之期間已進行者，依其期間。

第 198 條　本法施行前已繫屬尚未終結之非訟事件必要處分程序，由繫屬之法院依本法所定程序終結之；已終結程序之撤銷、擔保金之發還及效力，仍應依原程序所適用之法律。

本法施行前法院已終結之家事事件，其異議、上訴、抗告及再審之管轄，依原程序所適用之法律定之。

本法施行前已取得之家事事件執行名義，適用本法所定履行確保及執行程序。

第 199 條　家事事件審理細則、本法施行細則，由司法院定之。

第 200 條　本法施行日期，由司法院定之。

附錄六：高風險家庭評估表

http://www.chi.gov.tw/CBI_2/upload/ababda6c-2de0-4101-af95-784a71e19fab.doc

高風險家庭評估表　　98年11月修正

<table>
<tr><td rowspan="7">壹、
被評估者基本資料</td><td colspan="3">主要照顧者姓名：</td><td colspan="2">聯絡電話：</td></tr>
<tr><td colspan="3">身分證字號：</td><td colspan="2">出生年月日：</td></tr>
<tr><td colspan="5">聯絡地址：　縣（市）　鄉（鎮、市、區）　村（里）　鄰
路　段　巷　弄　號　之　樓</td></tr>
<tr><td colspan="5">家中兒童少年基本資料</td></tr>
<tr><td>姓名</td><td>性別</td><td>出生年月日</td><td>就讀學校</td><td>與主要照顧者關係</td></tr>
<tr><td></td><td>□男□女</td><td>年　月　日</td><td></td><td></td></tr>
<tr><td></td><td>□男□女</td><td>年　月　日</td><td></td><td></td></tr>
<tr><td></td><td></td><td>□男□女</td><td>年　月　日</td><td></td><td></td></tr>
</table>

<table>
<tr><td rowspan="7">貳、
高風險家庭評估內容</td><td>□有□無</td><td>一、家庭成員關係紊亂或家庭衝突：如家中成人時常劇烈爭吵、無婚姻關係帶年幼子女與人同居、藥酒癮、精神疾病、犯罪前科等，以致影響兒少受照顧及身心正常發展。</td></tr>
<tr><td>□有□無</td><td>二、家中兒童少年父母或主要照顧者從事特種行業或罹患精神疾病、酒癮藥癮並未就醫或未持續就醫，以致影響兒少受照顧及身心正常發展。</td></tr>
<tr><td>□有□無</td><td>三、家中成員曾有自殺傾向或自殺紀錄者，以致影響兒少受照顧及身心正常發展。</td></tr>
<tr><td>□有□無</td><td>四、因貧困、單親、隔代教養或其他不利因素，以致影響兒少受照顧及身心正常發展。</td></tr>
<tr><td>□有□無</td><td>五、非自願性失業或重複失業者：負擔家計者遭裁員、資遣、強迫退休等，以致影響兒少受照顧及身心正常發展。</td></tr>
<tr><td>□有□無</td><td>六、負擔家計者死亡、出走、重病、入獄服刑等，以致影響兒少受照顧及身心正常發展。</td></tr>
<tr><td></td><td>七、其他＿＿＿＿＿＿＿＿＿＿＿＿，以致影響兒少受照顧及身心正常發展。</td></tr>
<tr><td rowspan="4">參、
已獲得資源協助內容</td><td>□有□無</td><td>一、轉介單位已提供服務，說明：＿＿＿＿。</td></tr>
<tr><td>□有□無</td><td>二、已接受政府社會福利資源或服務：
□低收入戶□中低收入兒少生活補助□弱勢兒少緊急生活扶助□身障生活補助□急難救助□其他，請說明</td></tr>
<tr><td>□有□無</td><td>三、已接受民間社會福利資源或服務，說明：＿＿＿＿。</td></tr>
<tr><td>□有□無</td><td>四、有親屬朋友支持，並獲得協助，說明：＿＿＿＿。</td></tr>
</table>

肆、 案情簡述	（請具體陳述兒少受照顧、家庭親子互動狀況、經濟及其他特殊狀況）
伍、 說明	一、本表提供就業服務中心個案管理員、員警、村里幹事、村里長、公衛護士、基層小兒科、心理衛生醫事人員、教育人員、戶政人員、公寓大廈管理員等，於執行工作時，依本表評估內容，發現其中一項者，通知社政單位提供關懷性服務，藉以預防兒童少年受虐及家庭暴力事件發生。 二、如發現個案為疑似兒童保護、家庭暴力及性侵害個案，應逕行循兒虐及家暴處遇流程通報；中輟生個案請通報中輟生通報及復學系統；自殺傾向及自殺個案並請通報自殺防治中心。 三、社政單位接獲轉介時，應對評估人身分予以保密。 四、上述若已通報家暴者，即無須再重複通報高風險，避免一案雙報。

轉介單位：
評估人：　　　　聯絡電話：　　　　傳真電話：
□需要回覆處理情形，□以電話回覆：＿＿＿＿＿　□以傳真回覆：＿＿＿＿＿
□不需要回覆處理情形　　　　　　　　　　年　　月　　日

……………………………………請回傳轉介單位……………………………………

處理情形：
□開案處理，由＿＿＿＿＿＿＿單位提供後續服務。
□轉介其他單位，受理轉介單位：
□無需提供服務，原因：
□其他＿＿＿＿＿＿＿。
受通知單位：　　　　承辦人：　　　　聯絡電話：　　　　年　　月　　日

國家圖書館出版品預行編目資料

小學生諮商／邱珍琬著．一初版．一臺北市：五南，2012.09
面；　公分.--

ISBN 978-957-11-6799-2（平裝）

1.學校輔導 2.心理諮商 3.兒童發展

523.7　　101015847

1BWP

小學生諮商

作　　者— 邱珍琬(149.29)
發 行 人— 楊榮川
總 編 輯— 王翠華
主　　編— 陳念祖
責任編輯— 李敏華
封面設計— 莫美龍
出 版 者— 五南圖書出版股份有限公司
地　　址：106台北市大安區和平東路二段339號4樓
電　　話：(02)2705-5066　傳　　真：(02)2706-6100
網　　址：http://www.wunan.com.tw
電子郵件：wunan@wunan.com.tw
劃撥帳號：01068953
戶　　名：五南圖書出版股份有限公司

台中市駐區辦公室/台中市中區中山路6號
電　　話：(04)2223-0891　傳　　真：(04)2223-3549
高雄市駐區辦公室/高雄市新興區中山一路290號
電　　話：(07)2358-702　傳　　真：(07)2350-236

法律顧問　元貞聯合法律事務所　張澤平律師

出版日期　2012年9月初版一刷
定　　價　新臺幣330元

凝煉知識品味閱讀